西南大学应用经济学一级学科博士点建设系列丛书（第一辑）

西南大学学科建设专项经费资助

上市公司并购财务顾问选择研究

——基于“关系”的视角

李沁洋 ◎ 著

中国财经出版传媒集团
中国财政经济出版社

图书在版编目（CIP）数据

上市公司并购财务顾问选择研究：基于“关系”的视角／李沁洋著．—北京：中国财政经济出版社，2018.3
（西南大学应用经济学一级学科博士点建设系列丛书·第一辑）
ISBN 978－7－5095－7983－1

Ⅰ．①上…　Ⅱ．①李…　Ⅲ．①上市公司－企业兼并－财务管理－研究－中国　Ⅳ．①F279.246

中国版本图书馆CIP数据核字（2017）第325716号

责任编辑：杨　骁　　　　责任校对：李　丽

中国财政经济出版社 出版
URL：http：//ckfz.cfeph.cn
E－mail：cfeph@cfeph.cn

社址：北京市海淀区阜成路甲28号　邮政编码：100142
营销中心电话：010－88191537
天猫网店：中国财政经济出版社旗舰店
网址：https：//zgczjjcbs.tmall.com
北京财经印刷厂印刷　各地新华书店经销
880×1230毫米　32开　7.5印张　180 000字
2018年3月第1版　2018年3月北京第1次印刷
定价：42.00元
ISBN 978－7－5095－7983－1
（图书出现印装问题，本社负责调换）
本社质量投诉电话：010－88190744
打击盗版举报热线：010－88191661　QQ：2242791300

前言

近年来，我国正处于经济结构调整的转换期，企业并购数量和规模大幅增长。我国的上市公司热衷于并购，但是在并购过程中却面临目标企业信息透明度低、财务报告可信度低等问题，导致并购企业需承担更大的风险与成本。因此，在开展并购业务时，企业更需要聘请投资银行（后文简称投行）作为财务顾问，帮助公司分析并购所涉及的风险、评估并购目标价值、设计并购方案。为了规范投行并购重组财务顾问业务，提高资本市场效率，证监会于2008年颁布了《上市公司并购重组财务顾问业务管理办法》，明确指出财务顾问的业务许可条件以及业务规则，强调了财务顾问在上市公司并购中的作用。并且，国务院分别于2010年和2014年下发了《国务院关于促进企业兼并重组的意见》及《国务院关于进一步优化企业兼并重组市场环境的意见》，不断重申提出要促进兼并重组更加市场化。而通常在并购重组市场化程度高的国家，投行在并购交易中都相当活跃并且发挥着重要作用。

国外学者对于公司如何选择财务顾问以及选择不同的财务顾问有什么不同的经济后果展开了一系列研究。部分文献认为财务顾问在并购中可以降低信息不对称程度，减少并购的交易成本，创造并购协同效应。也有一部分学者认为投行在公司并购中只是跟随客户指令执行命令，完成交易，对并购决策和并购绩效并没有什么实际影响。但是，我国学术界尚未对该问题进行实证研究。更为重要的是，无论是研究选择财务顾问的动因还是经济后果，已有文献大多从投行的声誉、行业经验、以前完成的服务质量等角度进行研究，鲜有文献从投行与客户公司间关系的角度进行分析。

“关系”广泛地存在于金融市场当中，除正式制度外，“关系”等非正式制度同样会对公司和个人的决策制定乃至整个金融市场产生很大影响。并购作为公司最重要的投资决策和战略决策之一，也会受到各种不同“关系”的影响。投行与公司通过业务合作会建立起一种长期关系，作为投行和公司拥有的一种专用性资产。如果投行作为财务顾问参与上市公司并购，投行－公司间关系也可能会影响公司并购的交易过程和结果。并且，我国又是一个典型的关系型社会，这一现实背景为本书从关系的角度研究公司并购问题提供了绝佳土壤。

基于以上背景，本书提出以下三个问题：第一，投行－公司间关系是否影响公司选择不同的财务顾问？第二，投行－公司间关系是否影响公司并购的经济后果？第三，投行－公司间关系影响公司并购经济后果的作用机制是什么？

为了回答以上问题，本书选取我国 A 股上市公司 2009－2014 年间聘请了财务顾问的并购事件为样本，考察了投行－公司间关系对投行被选为公司并购财务顾问概率的影响，以及公司基于关系选择不同并购财务顾问的经济后果和作用机制。本书试图为金融中介与公司并购的相关研究提出新的研究视角，同时希望为我国并购市场化改革及完善财务顾问相关法律法规提供理论和现实依据。

本书共分为七个章节，主要内容如下：

第 1 章是导论部分。首先通过现实和理论背景导出本书研究的主要问题，提炼了研究思路和研究内容，并且归纳了本书的主要创新和贡献。

第2章是文献综述部分。本章主要归纳总结了公司并购财务顾问选择的相关文献，关系在金融市场中的作用相关文献，以及公司并购绩效影响因素的相关文献，然后总结已有文献的不足之处。

第3章是制度背景和现状分析部分。制度背景部分主要介绍公司并购财务顾问的相关法律制度背景。现状分析部分则主要介绍了投行并购财务顾问业务的收入情况以及各大投行在并购财务顾问业务领域的排名情况。

第4章是投行－公司间关系与并购财务顾问选择部分。本章主要从投行与公司间关系的角度考察上市公司选择财务顾问的动因，即投行－公司间关系是否会影响投行被选择作为公司并购财务顾问的概率。

第5章是投行－公司间关系与并购经济后果部分。本章从投行－公司间关系的角度分析了上市公司在并购中选择不同的财务顾问其经济后果是否有差异。并购经济后果主要从并购绩效（并购为公司创造的价值）以及并购成功概率两个方面并列进行分析。

第6章是投行－公司间关系影响并购经济后果的作用机制部分。在这一章中，本书试图找出有“关系”的财务顾问主要在并购交易的哪个关键环节发挥了作用。本章从并购交易特征中的并购溢价水平和并购持续时间两个维度进行考察，研究公司选择有“关系”的投行作为并购财务顾问是否帮助公司降低了并购溢价水平，缩短并购持续时间，从而影响了并购经济后果。

第7章对本书的实证结果进行总结，并结合中国的实际情况提出相关的政策建议，最后指出了本书的局限性和未来研究方向。

通过以上七个章节的研究，本书得出主要结论如下：

第一，投行－公司间关系是公司选择不同投行担任并购财务顾问的动因之一。与没有“关系”的投行相比，与公司有“关系”的投行被聘请担任该公司并购财务顾问的概率大23.8%；并且“关系”越紧密，被选中的概率越大。进一步分析表明：第一，不管投行与公司以前通过何种业务建立起关系，该“关系”均对投行是否被公司选为并购财务顾问有显著影响。然而，通过并购业务建立起的直接关系比承销业务建立起的间接关系发挥了更大的作用。第二，投行声誉越低，“关系”发挥的作用越大，即“关系”与“声誉”存在替代效应。

第二，公司在并购中选择有“关系”的投行作为财务顾问，平均为公司增加了1.3亿元的股东价值，并且“关系”越紧密，公司价值增加越多；但是，对公司并购成功概率并没有显著影响。进一步分析表明，在信息不对称程度较高的情况下，有“关系”的财务顾问能显著提升公司并购绩效，对并购成功概率没有影响；而在信息不对称程度较低的情况下却相反，有“关系”的财务顾问提高了并购成功概率，但是并没有显著提高公司并购绩效。

第三，公司在并购中选择有“关系”的投行作为财务顾问，平均为公司降低了150%的溢价水平；并且无论是最终成功还是失败的并购，有“关系”的财务顾问均显著缩短了并购持续时间。进一步分析表明，在信息不对称程度较高的情况下，有“关系”的财务顾问能显著降低公司并购的溢价水平，并缩短并购持续时间；而在信息不对称程度较低的情况，投行－公司间关系对并购溢价水平和并购持续时间的影响均不显著。有“关系”的财务顾问主要在并购交易过程中，对并购溢价水平和并购持续时间两个方面产生影响，从而影响了并购的经济后果。

以上结论意味着，在我国市场化并购发展的过程中，投行作为并购财务顾问对公司并购交易起着重要作用。投行与公司间建立起的长期关系，作为投行和公司拥有的一种专用性资产，为双方都创造了价值。首先，投行－公司间关系作为公司选择并购财务顾问的动因之一，能提高投行在并购财务顾问业务领域的竞争力。其次，投行－公司间关系能降低双方的信息不对称程度，减少并购成本，提高并购效率。最后，有“关系”的财务顾问不仅以完成并购交易为主要目的，更注重并购为公司创造的价值，支持了“优越交易假说”。

本书的创新体现在以下几个方面：

第一，丰富了公司并购与金融中介的相关文献。关注并购中选择不同的财务顾问导致的经济后果的相关文献相对较丰富，研究选择不同财务顾问的动因的相对较少。并且无论是研究选择动因还是经济后果的相关文献，主要都是从投行的声誉、经验和客户业绩等角度进行分析。而本书从投行－公司间关系的角度来研究公司在并购中选择不同投行作为财务顾问的动因及其经济后果和作用机制，拓宽了该领域的研究视角。

第二，拓展了关系与金融的交叉研究。关于投行－公司间关系在金融市场中作用的相关文献证明投行与客户公司之间的关系对双方都有价值，因此会影响投行的行为和客户公司股东财富。但是大多文献认为公司与投行之间的关系有利于投行获得之后的IPO、SEO承销业务和贷款业务，或降低以后的承销费用和贷款成本，对于投行－公司间关系在并购领域发挥的作用还不得而知。本书分析了投行与客户公司间的关系对我国投行在并购领域的业务竞争中发挥的作用及对公司并购交易的影响，提供了关系在金融市场中产生影响的新证据。

第三，以往文献大多数将投行声誉和投行－公司间关系割裂开来，认为公司主要基于投行的声誉选择财务顾问，而本书则进一步考察了“关系”和声誉之间的替代效应，并将投行－公司间关系分为“直接关系”与“间接关系”进行分类考察。

第四，现有文献虽然发现“关系”会影响公司的并购绩效，却忽视了其作用机制。本书不仅考察了投行－公司间关系对公司选择并购财务顾问的动因和经济后果的影响，还从并购溢价、并购持续时间两个维度深入分析了投行－公司间关系对并购经济后果产生影响的中间作用机制，发现了有“关系”的财务顾问主要在并购交易的哪个环节发挥作用，深化了“关系”与公司并购的相关内容。

李沁洋

2017年12月

目录

第1章　导论 …………………………………………… (1)
1.1　选题背景与研究意义 ……………………………… (1)
1.2　研究内容与研究方法 ……………………………… (8)
1.3　研究思路与结构安排 ……………………………… (12)
1.4　主要创新 …………………………………………… (17)

第2章　文献综述 ………………………………………… (19)
2.1　公司并购绩效相关文献 …………………………… (20)
2.2　并购财务顾问选择相关文献 ……………………… (34)
2.3　关系在金融市场中的作用相关文献 ……………… (39)
2.4　小结 ………………………………………………… (44)

第3章　制度背景和现状分析 …………………………… (46)
3.1　法律制度背景 ……………………………………… (46)
3.2　现状分析 …………………………………………… (54)
3.3　小结 ………………………………………………… (63)

第4章　投行－公司间关系与并购财务顾问选择 ……… (65)
4.1　引言 ………………………………………………… (65)
4.2　文献回顾与假设提出 ……………………………… (69)
4.3　研究设计 …………………………………………… (75)

4.4 实证结果 …………………………………………………………… (80)
4.5 稳健性检验 ……………………………………………………… (88)
4.6 结论 ……………………………………………………………… (95)

第 5 章 投行－公司间关系与并购经济后果 ……………… (97)
5.1 引言 ……………………………………………………………… (97)
5.2 文献回顾与研究假设 …………………………………………… (102)
5.3 研究设计 ………………………………………………………… (107)
5.4 实证结果 ………………………………………………………… (112)
5.5 稳健性检验 ……………………………………………………… (132)
5.6 结论 ……………………………………………………………… (145)

第 6 章 投行－公司间关系影响并购经济后果的作用机制 ……………………………………………………………… (147)
6.1 引言 ……………………………………………………………… (147)
6.2 文献回顾与研究假设 …………………………………………… (151)
6.3 研究设计 ………………………………………………………… (155)
6.4 实证结果 ………………………………………………………… (159)
6.5 稳健性检验 ……………………………………………………… (180)
6.6 结论 ……………………………………………………………… (195)

第 7 章 研究结论、建议与展望 ……………………………… (197)
7.1 研究结论 ………………………………………………………… (197)
7.2 政策建议 ………………………………………………………… (200)
7.3 研究局限 ………………………………………………………… (203)
7.4 未来的研究展望 ………………………………………………… (203)

参考文献 ……………………………………………………………… (205)

第1章 导　论

1.1　选题背景与研究意义

1.1.1　选题背景

并购作为公司最重要的投资决策之一，是公司进入新业务领域和目标市场的重要选择，同时也是优化资源配置的重要方法，因此成为理论界和实务界研究的重点问题。美国资本市场先后经历了五次并购浪潮，形成了包括并购动机、绩效和评价方法的理论框架体系。2005年 5 月我国实施股权分置改革以后，并购和新股发行（IPO）日益成为证券市场资源配置的两大主要方式（黄江东，2013）。特别是近几年，我国正处于经济结构调整的转换期，企业并购数量和规模大幅增长。据 wind 数据库统计，2014 年中国企业参与的并购交易金额高达 7983.44 亿元，是 1982 年以来中国企业并购金额达到最多的一年。

我国的上市公司如此热衷于并购，但是在并购过程中却面临目标企业信息透明度低（Hoskisson et al.，2000）、财务报告可信度低等问题（Chapman et al.，2011），导致并购企业需承担更大的风险与成本。因此，在开展并购业务时，企业更需要聘请投资银行作为财务顾问，帮助公司分析并购所涉及的风险、评估并购目标价值、设计并购方案（孙轶和武常岐，2012）。为了规范并购重组财务顾问业务活动，提高资本市场效率，证监会于 2008 年颁布了《上市公司并购重组财务顾问业务管理办法》，明确指出财务顾问的业务许可条件以及业务规则，强调了财务顾问在上市公司并购中的作用。并且，国务院分别于 2010 年和 2014 年印发了《国务院关于促进企业兼并重组的意见》及《国务院关于进一步优化企业兼并重组市场环境的意见》，不断重申提出要促进兼并重组更加市场化。通常在并购重组市场化程度高的国家，投行在并购交易中都相当活跃并且发挥着重要作用（Golubov et al.，2012）。近年来，我国上市公司也越来越重视财务顾问在公司并购中的作用。从图 1－1 可以看出，自 2009 年以来，我国上市公司在并购中聘请财务顾问的数量和比例都在逐年上升。2009 年，我国仅大约 5% 的上市公司在并购中聘请了财务顾问，共 26 次；到了 2014 年，已有近 32% 的上市公司在并购中聘请了财务顾问，共 315 次。

国外学者对于公司如何选择财务顾问（Rau，2000；Sibilkov and McConnell，2014；Derrien and Dessaint，2015）以及选择不同的财务顾问有什么不同的经济后果（Bowers and Miller，1990；Kale et al.，2003；Schiereck et al.，2009；Ismail，2010；Bao and Edmans，2011；Golubov et al.，2012；Wang et. al.，2014）

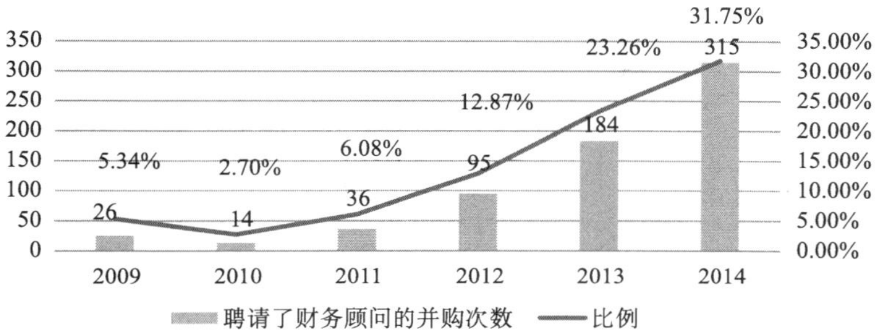

图 1-1 2009 年-2014 年聘请财务顾问的并购次数和比例

展开了一系列研究。部分文献认为财务顾问在并购中可以降低信息不对称程度，减少并购的交易成本，创造并购协同效应（Bowers and Miller，1990；Kale et al.，2003；Bao and Edmans，2011；Golubov et al.，2012；Wang et al.，2014）；也有一部分学者认为投行在公司并购中只是跟随客户指令执行命令，完成交易，对并购决策和并购绩效并没有什么实际影响（Servaes and Zenner 1996；Rau，2000；Schiereck et al.，2009；Ismail，2010）。但是，我国学术界尚未对该问题进行实证研究。更为重要的是，无论是对于公司在并购中选择财务顾问的动因还是经济后果，已有文献大多从投行的声誉（Bowers and Miller，1990；Kale et al.，2003；Schiereck et al.，2009；Ismail，2010；Bao and Edmans，2011；Golubov et al.，2012；Derrien and Dessaint，2015）、行业经验（Wang et al.，2014）、以前完成的服务质量（Sibilkov and McConnell，2014）等角度进行研究，鲜有文献从投行与客户公司间关系的角度进行分析。

“关系”与金融的交叉研究近年来也已成为学术界研究的一个热点话题。“关系”广泛地存在于金融市场当中，例如，投资银行和分析师之间的关系（Dugar and Nath，1995；Lin and McNichols，1998），风险资本之间的关系（Bygrave，1988；Hochberg et al.，2007），投资银行或银行与公司间的关系（Ljungqvist et al.，2006；Fernando et al.，2012；Chen et al.，2013；潘越和戴亦一，2013），投资银行相互间的同行关系（Chuluun，2015），公司与公司董事会高管间的关系（Cai and Sevilir，2012；Ishii and Xuan，2014）等。除正式制度外，“关系”等非正式制度同样会对公司和个人的决策制定及整个金融市场产生很大影响（Uzzi，1999；Stiglitz，2000）。

并购作为公司最重要的投资决策和战略决策之一，也会受到各种不同“关系”的影响。公司间董事高管之间的关系（Cai and Sevilir，2012；陈仕华等，2013；Ishii and Xuan，2014）、公司高管与政府的联结关系（潘红波等，2008）以及公司与风险资本间的关系（Gompers and Xuan，2009）可能会降低不同主体间的信息不对称程度，也可能引发各主体间的利益冲突，从而影响公司并购的交易过程及经济后果。除了以上几种关系，投行与公司通过业务合作会建立起一种长期关系，作为投行和公司拥有的一种专用性资产（James，1992）。已有文献证明，投行-公司间关系有利于投行获得之后的IPO、SEO承销业务和贷款业务，降低以后的承销费用和贷款成本（Drucker and Puri，2005；Ljungqvist et al.，2006；潘越和戴亦一，2013），同样也会影响公司股东价值（Fernando et al.，2012）。那么，如果投行作为财务顾问参与上市公司并购，投行-公司间关系也可能会影响公司并购。我国又是一个典型的关系型社会（陆铭、李爽，2008；李培馨等，2013），关系文化和关系社会资本显现出强联带性、功能复用性、频发义务性等三个特征，相对于西方社会资本的弱联带性、功能单一性、偶发义务性特征有显著差异（边燕杰和张磊，2013）。因此，我国的这一现实背景为本书从关系的角度研究公司并购问题提供了绝佳土壤。

基于以上文献和现实背景，本书提出如下三个问题：第一，投行-公司间关系是否会影响公司选择不同投行作为并购财务顾问？第二，投行-公司间关系是否影响公司并购的经济后果？第三，投行-公司间关系对公司并购经济后果的作用机制是什么，即投行-公司间关系是否影响了并购的交易特征？

1.1.2 研究意义

本书的研究具有重要的理论意义和实践价值，主要体现在以下几个方面：

（1）理论意义

第一，本书研究了公司在并购中选择不同财务顾问的动因及经济后果等问题，丰富了金融中介与公司并购的相关文献。对于财务顾问在公司并购中发挥了怎样的作用这一问题，大多数研究较为关注投行的声誉、能力、行业并购经验等对公司并购产生的影响（Bowers and Miller，1990；Kale et al.，2003；Bao and Edmans，2011；Golubov et al.，2012；Wang et al.，2014），较少有文献从投行-公司间关系的角度来研究财务顾问选择的动因及其经济后果。

第二，本书研究了投行-公司间关系对投行并购业务和公司并购交易的影响，拓展了“关系”与金融领域的交叉研究。一方面，投行-公司间关系如何影响投行业务的文献大多集中于投行IPO、SEO承销和商业银行贷款等领域，对投行并购业务领域的研究很少；另一方面，关于“关系”如何影响并购经济后果的现有研究主要从公司间董事高管之间的关系（Cai and Sevilir，2012；陈仕华等，2013；Ishii and Xuan，2014）、公司高管与政府的联结关系（潘红波等，2008；李善民等，2009）以及公司与风险资本间的关系（Gompers and Xuan，2009）等方面进行考察，鲜有文献从投行－公司间关系的角度进行分析。本书分析了投行－公司间关系如何影响投行业务、公司并购的经济后果及交易特征，提供了“关系”在金融市场中发挥作用的新证据。

第三，本书结合中国的关系型社会背景，首次实证研究了我国上市公司选择财务顾问的动因及其经济后果。由于我国的财务顾问制度是在2008年证监会下发《上市公司并购重组财务顾问业务管理办法》后才得到规范，起步时间较晚，因此关于公司在并购中如何选择财务顾问及其经济后果的实证研究都是针对西方发达资本市场，国内对于该领域的研究尚存在空白。随着我国上市公司越来越多地聘请财务顾问参与并购交易，我国学术界也应该对该领域的问题有所探究。本书从关系的角度研究了我国上市公司如何选择并购财务顾问及其经济后果等一系列问题，为国际学术界提供了来自转型经济国家的实证证据。

（2）现实意义

第一，对于监管部门而言，了解我国上市公司选择财务顾问的原因及其经济后果，有助于相关部门健全与公司并购以及财务顾问相关的法律法规及管理办法，提高对公司和券商投行的监管效率。与国外成熟的资本市场不同，我国近年来才开始重视投行券商等金融中介在公司并购中的作用。证监会于2008年颁布了《上市公司并购重组财务顾问业务管理办法》，明确指出财务顾问的业务许可条件以及业务规则，强调了财务顾问在上市公司并购中的作用。并且，国务院2014年也印发了《关于进一步促进资本市场健康发展的若干意见》，提出要促进兼并重组更加市场化。在这一背景下，加深对我国投行并购财务顾问业务的了解有助于监管部门制定更加符合现实需求的政策。如果投行和公司间的长期关系对投行和公司并购都有益，那么政府部门在规范并购重组财务顾问业务活动时，可以鼓励公司与投行建立长期关系，同时对这种“关系”加强监管控制其中的风险，使其能够保持良性循环。

第二，对于上市公司而言，了解在并购中是否选择以及选择不同财务顾问的经济后果，有利于公司制定和完善在并购中选择财务顾问的相关决策，降低公司进行价值减损型并购的概率。由于我国资本市场成立时间较晚，并购市场化程度也较低，公司在并购过程中面临目标企业信息透明度低、财务报告可信度低等诸多问题，导致并购企业需承担更大的风险与成本。因此公司在开展并购业务时，更加需要聘请财务顾问帮助分析并购风险、评估并购目标价值、设计并购方案。本书通过研究发现，公司在并购中选择有“关系”的投行作为财务顾问，可以降低投行和公司间的信息不对称程度，有利于提高并购绩效，降低并购溢价和并购持续时间，为公司如何选择并购财务顾问在理论上提供了决策依据。

第三，对于投行券商而言，了解公司选择并购财务顾问的原因，有助于券商投行在竞争中更好地利用自身优势获得并购财务顾问业务，也避免券商间的恶性竞争。随着并购市场的日益活跃以及投资银行传统业务竞争的加剧，投行长期依赖 IPO 业务收入的投行业务结构正在调整，并购业务将成为国内投资银行业务发展的重要领域。了解公司选择不同财务顾问的动因可以帮助投行制定相关的发展战略，提升自身开展财务顾问业务的竞争力。

第四，对于市场投资者而言，为投资者提供关于公司并购质量优劣的辅助决策信息，有利于提升投资者理性，提高投资者的投资能力及自我保护能力，进而增强市场整体效率。我国投资者向来对资本市场中的并购重组事件趋之若鹜，然而要真正识别并购是否为公司创造价值实属不易，一旦并购失败，公司和投资者都会遭受重大损失。了解公司在并购中聘请不同财务顾问的经济后果有利于提高投资者对并购具体方案及细节的分析能力，并且为投资者提供更全面的决策依据。

1.2 研究内容与研究方法

1.2.1 概念界定

（1）投资银行

国外文献中将主要从事证券发行承销、企业兼并收购、项目融资等业务的非银行金融机构统称为投资银行（Investment bank），本书也将中国具备并购财务顾问资格的证券公司等非银行金融机构统称为投资银行，后文中简称投行。

（2）财务顾问

财务顾问主要是指公司在并购中聘请的专业机构。根据《上市公司并购重组财务顾问业务管理办法》，在我国只有达到一定标准且经中国证监会核准具有上市公司并购重组财务顾问业务资格的证券公司才可以担任公司并购财务顾问。

我国证监会颁布的《上市公司并购重组财务顾问业务管理办法》中对财务顾问的业务范围和职责进行了详细说明：上市公司并购重组财务顾问业务是指为上市公司的收购、重大资产重组、合并、分立、股份回购等对上市公司股权结构、资产和负债、收入和利润等具有重大影响的并购重组活动提供交易估值、方案设计、出具专业意见等专业服务。相关职责具体包括对收购人的相关情况进行尽职调查，按收购人的要求向收购人提供专业化服务，帮助收购人找寻合适的收购目标，全面评估被收购公司的财务和经营状况，帮助收购人分析收购所涉及的法律、财务、经营风险，就收购方案所涉及的收购价格、收购方式、支付安排等事项提出对策建议等。本书中所提到的财务顾问，均指公司并购中收购方所聘请的财务顾问。

(3) 关系

关系广泛地存在于金融市场中，比如投资银行和分析师之间的关系（Dugar and Nathan，1995；Lin and McNichols，1998），投资银行与客户公司间的关系（Ljungqvist et al.，2006；潘越和戴亦一，2013；Chen et al.，2013），投资银行相互间的同行关系（Ljungqvist et al.，2009；Chuluun，2015），公司与公司董事会高管间的关系（Cai and Sevilir，2012；陈仕华等，2013；Ishii and Xuan，2014）等。

本书所要研究的关系是指投行与客户公司间的关系。借鉴Ljungqvist et al.（2006）、Fernando et al.（2012）、潘越和戴亦一（2013）、Chen et al.（2013），并结合我国的法律制度背景，本书定义：如果投行曾经为公司提供过IPO、SEO承销或者并购财务顾问业务，则视为公司与投行有关系；反之，则视为没有关系。[①]

① Ljungqvist et al.（2006）还考虑了银行的借贷关系和持股关系，本书不予考虑是因为我国金融业法律制度背景与美国不同。第一，对于借贷关系，美国自从1999年11月国会通过《金融服务现代化法案》（Financial Services Modernization Act），亦称《格雷姆－里奇－比利雷法案》（Gramm－Leach－Bliley Act），其金融业实现了从分业经营到混业经营的转变，商业银行可以提供承销服务，投资银行也可以提供贷款服务，然而我国金融业仍然处于分业经营的阶段，商业银行不能为上市公司提供承销服务，投资银行也不能为上市公司提供贷款服务，因此本书中不考虑借贷关系。第二，对于持股关系，因为我国《上市公司并购重组财务顾问业务管理办法》对投行的独立性做出了要求，其中第十七条规定，如果存在投行持有或者通过协议、其他安排与他人共同持有上市公司股份达到或者超过5%的情形，则投行不得担任独立财务顾问。如果投行对上市公司持股比例小于5%，可以合理预期投行不会对上市公司的财务决策产生重大影响，因此本书也不考虑持股关系。第三，对于董事联结关系，如Cai and Sevilir（2012）；陈仕华等（2013）所展开的对并购双方关系的研究中所定义，也是基于我国《上市公司并购重组财务顾问业务管理办法》对财务顾问的独立性要求：上市公司如有代表担任投行的董事或者投行有代表担任上市公司的董事，则投行不得担任上市公司的财务顾问，因此本书不考虑董事会联结这种关系。

1.2.2 研究内容

本书主要包括四个主要的研究内容，首先分析了我国上市公司聘请并购财务顾问的制度背景及现状，然后在此基础上从关系的角度研究了公司选择不同财务顾问的动因、对并购经济后果的影响及其作用机制，具体如下：

第一，本书对我国上市公司聘请并购财务顾问的制度背景及现状进行了分析。本书梳理了与并购财务顾问相关的法律制度背景，分析了投行并购财务顾问业务的收入情况以及不同投行在并购财务顾问业务领域的排名。

第二，本书研究了投行－公司间关系是否会影响公司选择并购财务顾问，并进一步分析对于不同类型的“关系”以及不同声誉等级的投行来说，这一作用是否有所差异。

第三，本书研究了我国上市公司基于关系选择不同的财务顾问其并购经济后果是否不同。并购经济后果主要从并购绩效（并购为公司创造的价值）以及并购成功概率两个方面进行分析，并按照公司和交易的信息不对称程度分组检验投行－公司间关系对并购经济后果的影响。

第四，本书研究了我国上市公司基于关系选择不同的财务顾问影响并购经济后果的作用机制。本书主要从交易层面的并购溢价水平、并购持续时间两个维度对交易特征进行分析，并先按公司和交易的信息不对称程度分组检验投行－公司间关系对并购交易特征的影响；再按照并购是否最终成功分组检验投行－公司间关系对并购持续时间的影响。

1.2.3 研究方法

本书将实证研究与规范研究方法相结合，分析公司在并购中选择财务顾问的动因及经济后果。

本书主要采用的实证研究方法包括事件研究法、比较分析法、匹配分析法和回归分析法。具体应用如下：

（1）事件研究法

在研究公司基于与投行间的关系聘请不同的财务顾问是否对并购绩效产生影响这一问题时，本书拟采用事件研究法计算公司并购绩效。本书拟选取并购宣告日前一天到后一天（-1，+1）为窗口期计算并购事件的异常收益和累计异常收益，采用大多数文献使用的市场模型法。

（2）比较分析法

在研究公司选择财务顾问的动因及对并购经济后果的影响时，本书都将采用比较分析法。第一，相对于没有关系的投行，有关系的投行被选择作为财务顾问的概率是否有显著差异，对两组投行是否被选择进行均值T检验和Wilcoxon秩和检验，检验其均值是否有显著差异；另外，将投行按声誉分为高、中、低三组，对比关系的作用在不同声誉水平的投行中是否有显著差异。第二，对比选择有关系的财务顾问和没有关系的财务顾问的并购经济后果的影响是否不同。第三，对比选择有关系的财务顾问和没有关系的财务顾问的并购交易特征是否不同。

（3）匹配分析法

在研究上市公司是否基于关系聘请财务顾问时，本书将采用匹配分析法。本书将使用银行-公司匹配分析法（bank-company pair analysis），对于每一次并购事件，将当年所有具备财务顾问资格的投行作为选择对象一一匹配，得到最终样本数，进而分析样本之间的差异。

（4）多元回归分析法

本书在研究公司是否聘请财务顾问对并购的影响、是否基于关系聘请财务顾问以及聘请不同的财务顾问是否对并购绩效产生影响这几个问题上，都将采用回归分析法。并且采用处理效应模型（treatment effect model）、双重聚类、条件 Logit 等方法对回归中容易出现的异方差性、内生性和序列相关性等问题进行处理。

此外，本书将在实证研究方法的基础上辅以规范研究方法，包括归纳法和演绎法。本书拟通过归纳法梳理中国并购财务顾问相关规章制度的发展和变化，通过归纳和演绎法深入分析公司选择财务顾问的动因和经济后果，进而提出相应的实证命题。

1.3 研究思路与结构安排

1.3.1 研究思路

本书围绕所提出的三个主要问题，主要的实证内容分为三大部分，以层层递进的逻辑展开分析，详细的研究思路见图 1-2。

首先，本书从投行-公司间关系的角度研究了公司选择并购财务顾问的动因，也就是考察与公司有关系的投行被该公司选择作为并购财务顾问的概率是否会得到提升；并且考察是否关系越紧密，投行被该公司选择作为并购财务顾问的概率更大。在此基础上，本书进一步将投行-公司间关系分为“直接关系”和“间接关系”，分别考察不同类型的“关系”对公司选择并购财务顾问的影响是否有所差异。更进一步，该部分的内容考虑了投行声誉的替代作用，按照证券业协会的《证券公司从事上市公司并购重组财务顾问业务执业能力专业评价结果》，将所有投行按市场占有率分为声誉高低两类，分析“关系”的作用在声誉越低的投行中发挥的作用是否越大。

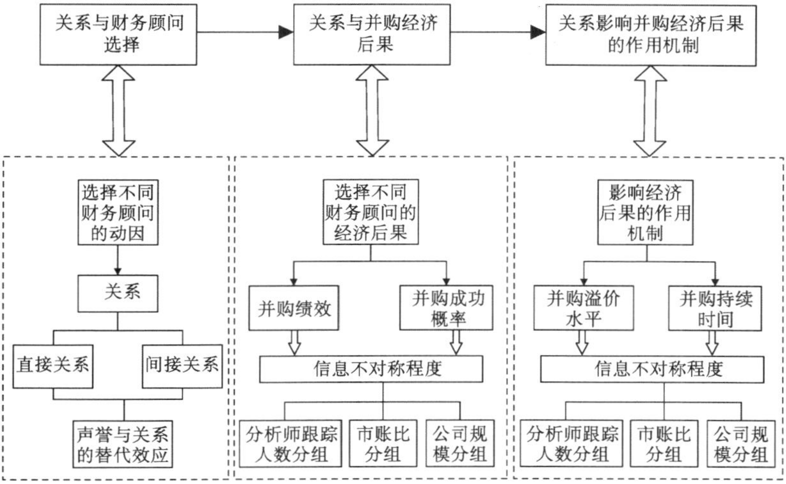

图1-2 研究思路图

在研究发现公司在选择并购财务顾问时会考虑与投行之间的关系后，本书研究了公司基于“关系”选择不同的财务顾问会给公司并购带来什么样的经济后果。并购经济后果主要从并购绩效（并购为公司创造的价值）以及并购成功概率两个方面并列进行分析，研究结果表明公司在并购中选择有“关系”的投行作为财务顾问会提高公司并购绩效（并购给公司创造的价值），但是并没有显著提升并购成功的概率。在此基础上，由于投行-公司间关系主要通过降低投行与公司间的信息不对称程度来提高公司绩效，该部分按照公司和交易的信息不对称程度分组，检验在信息不对称程度高和信息不对称程度低的公司或并购交易中，投行-公司间关系对并购经济后果的不同影响。

本书在发现公司在并购中选择有“关系”的投行作为财务顾问会提高公司并购绩效（并购给公司创造的价值），但是并没有显著提升并购成功的概率后，继续试图探索为什么会产生这样的经济后果，也即分析产生这一经济后果的作用机制。由于已有文献大多认为财务顾问主要在交易层面对公司并购产生影响，比如设计交易方案，帮助收购方与目标方进行谈判等，因此本书主要考察了投行－公司间关系对并购交易特征的影响。交易特征主要是从并购溢价水平和并购持续时间两个维度进行考察，研究公司选择有“关系”的投行作为并购财务顾问是否帮助公司降低了并购溢价水平，缩短了并购持续时间，从而在提高并购绩效的同时并没有提高并购成功概率。进一步，按照公司和交易的信息不对称程度分组，检验在信息不对称程度高和信息不对称程度低的公司或并购交易中，投行－公司间关系对并购溢价水平和并购持续时间的影响是否不同。

1.3.2　结构安排

本书主要分为七个章节，章节安排如图 1－3 所示，具体如下：

第 1 章是导论部分。本章第一小节首先从文献背景和理论背景出发，导出本书的研究问题，提炼了本书的研究意义。接下来，第二小节对本书的核心概念以及容易产生歧义的概念进行了界定，介绍了本书的主要研究内容和研究方法。第三小节系统阐述了本书的研究思路，并围绕研究思路展开每一章节的内容安排。第四小节归纳了本书的主要创新和贡献。

第 2 章是文献综述部分。本章主要针对本书所涉及的三大主题对已有的理论及实证研究进行分类总结，具体包括公司并购财务顾问选择的相关文献，关系在金融市场中的作用相关文献，以及公司并购绩效影响因素相关文献，然后总结已有文献的不足之处。在公司并购财务顾问选择的部分，本书主要从公司选择财务顾问的动因和经济后果两方面进行梳理；对于关系在金融市场中

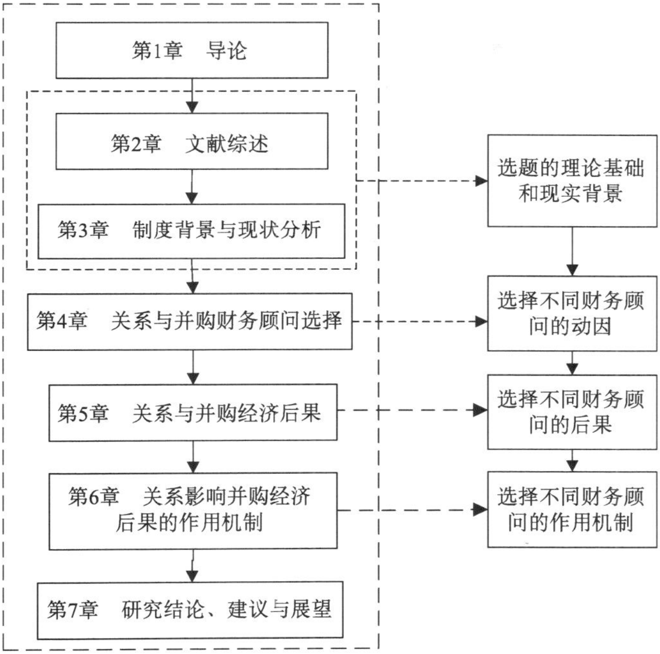

图1－3　论文结构图

的作用的相关文献，本书主要从广义的“关系”和本书所研究的“狭义”的关系，即投行－公司间关系分别进行阐述；而在并购绩效影响因素的部分主要从公司层面的影响因素和交易层面的影响因素进行梳理。最后，进一步指出了已有文献可能存在的不足以及本书的创新之处。

第3章是制度背景和现状分析部分。制度背景部分主要基于《公司法》《上市公司收购管理办法》《上市公司并购重组财务顾问业务管理办法》等法律法规介绍公司并购财务顾问的相关法律制度背景，分析并购财务顾问的主要职责及在公司并购中发挥的作用。现状分析部分则主要介绍了投行并购财务顾问业务的收入情况以及不同投行在并购财务顾问业务领域的排名情况。

第 4 章是投行 – 公司间关系与并购财务顾问选择部分。本章主要从投行与公司间关系的角度考察上市公司选择财务顾问的动因，即投行如果以前是公司的承销商或者财务顾问是否会增加公司选择该投行作为公司并购时的财务顾问的概率。进一步，将投行 – 公司间关系分为“直接关系”和“间接关系”，分别考察不同类型的“关系”对公司选择并购财务顾问的影响是否有所差异。再进一步，考虑投行声誉的作用，将投行按声誉高低分为两类，考察关系对于财务顾问选择的作用对于不同声誉等级的投行是否相同，声誉和关系到底是互补还是替代作用。

第 5 章是投行 – 公司间关系与并购经济后果部分。本章从投行 – 公司间关系的角度分析了上市公司在并购中选择不同财务顾问的并购经济后果是否有差异。并购经济后果主要从并购绩效（并购为公司创造的价值）以及并购成功概率两个方面并列进行分析。在此基础上，由于投行 – 公司间关系主要通过降低投行与公司间的信息不对称程度来提高公司绩效，本章进一步按照信息不对称程度分组，检验在信息不对称程度不同的公司并购交易中，投行 – 公司间关系对并购经济后果的不同影响。

第 6 章是投行 – 公司间关系影响并购经济后果的作用机制部分。在这一章中，本书试图找出有“关系”的财务顾问主要在并购交易的哪个关键环节发挥了作用。本章从并购交易特征中的并购溢价水平和并购持续时间两个维度进行考察，研究公司选择有“关系”的投行作为并购财务顾问是否帮助公司降低了并购溢价水平，缩短并购持续时间，从而影响了并购经济后果。进一步，同样按照信息不对称程度分组，检验在信息不对称程度不同的公司并购交易中，投行 – 公司间关系对并购溢价水平和并购持续时间的影响是否不同。

第7章对本书的实证结果进行总结，并结合中国的实际情况提出相关的政策建议，最后指出了本书的局限性和未来研究方向。

1.4 主要创新

本书结合社会学理论、信息不对称理论、委托代理理论和重复博弈理论，研究投行-公司间关系是如何影响公司选择并购财务顾问及其经济后果，可能的创新点主要体现在如下几个方面：

第一，丰富了公司并购与金融中介的相关文献。关注并购中选择不同的财务顾问导致的经济后果的相关文献相对较丰富，但基本都是从财务顾问的声誉、行业经验的角度进行研究（Bowers and Miller，1990；Kale et al.，2003；Ismail，2010；Bao and Edmans，2011；Golubov et al.，2012；Wang et al.，2014）。对于选择不同财务顾问的原因相对较少，主要从投行的声誉（Rau，2000；Derrien and Dessaint，2015）和以前的业绩（Sibilkov and McConnell，2014）等角度进行分析。而本书从投行-公司间关系的角度来研究公司在并购中选择不同投行作为财务顾问的动因及其经济后果和作用机制，拓宽了该领域的研究视角。

第二，拓展了关系与金融的交叉研究。关于投行-公司间关系在金融市场中作用的相关文献证明投行与客户公司之间的关系会对双方都有价值，该关系会影响投行行为和客户公司股东财富。但是大多文献认为公司与投行之间的关系有利于投行获得之后的IPO、SEO承销业务和贷款业务，或降低以后的承销费用和贷款成本（Drucker and Puri，2005；Ljungqvist et al.，2006；Bharath，2007；潘越和戴亦一，2013；Chen et al. 2013），对于投行-公司间关系在并购领域发挥的作用还不得而知。对于并购领域的关系问题，已有文献主要从收购方和目标公司的董事会高管关系（Cai and Sevilir，2012；陈仕华等，2013；Ishii and Xuan，2014；韩洁等，2014）或者公司和风险资本（VC）间的关系（Gompers and Xuan，2009）对公司并购的影响进行了研究。本书分析了投行与客户公司间的关系对我国投行在并购领域的业务竞争中发挥的作用及对公司并购交易的影响，提供了关系在金融市场中产生影响的新证据。

第三，以往文献大多数将投行声誉和投行-公司间关系割裂开来，认为公司主要基于投行的声誉选择财务顾问，而本书则进一步考察了“关系”和声誉之间究竟是互补还是替代，并且进一步对“关系”进行分类，分为“直接关系”与“间接关系”，发现“直接关系”比“间接关系”作用更大。

第四，现有文献虽然发现“关系”会影响公司的并购绩效，却忽视了其作用机制。本书不仅考察了投行-公司间关系对公司选择并购财务顾问的动因和经济后果的影响，还从并购溢价、并购持续时间两个维度深入分析了投行-公司间关系对并购经济后果的中间作用机制，找出了有“关系”的财务顾问主要在并购交易的哪个关键环节发挥了作用，深化了“关系”与公司并购的相关内容。

第2章 文献综述

本书研究的核心问题为投行－公司间关系对公司选择并购财务顾问的动因及其经济后果的影响。因此，本书需借鉴公司并购绩效、财务顾问选择以及关系这三个领域的研究成果，并在这些领域的研究基础上提出本书的主要贡献。本章第一小节首先对公司并购绩效的衡量方法以及影响因素等相关文献进行梳理。第二小节进一步缩小范围，从并购财务顾问选择的动因及其经济后果两个维度对财务顾问选择的相关文献进行综述。第三小节则梳理广义的关系以及本书中特指的投行－公司间关系在金融市场中所起作用的相关文献。第四小节分析现有文献存在的不足，为本书的研究主题和研究内容寻找切入点。

2.1 公司并购绩效相关文献

西方企业从19世纪到21世纪共经历了5次较大并购浪潮，已有百余年历史，现已建立了完善的并购机制。国外学者对企业并购进行了大量的理论与实证研究，得出了许多有价值的结论。西方国家证券市场相对比较成熟，对公司并购的研究及评价方法也较为全面，而我国在20世纪90年代才开始有学者进行并购重组的相关研究。本小节结合本书的主要研究内容，从公司并购绩效的衡量方法和并购绩效的影响因素两个方面对公司并购绩效的相关文献进行综述。

2.1.1 公司并购绩效的衡量方法

企业并购绩效研究是并购研究中重要的一个领域，国内外研究公司并购绩效的文献主要采用市场绩效和财务绩效两种评价方法。市场绩效以事件研究法为基础，考察并购事件对公司股票价格或者市场价值的影响；财务绩效则主要考察在并购前后公司财务指标的差异对比。

(1) 市场绩效

采用市场绩效衡量公司并购绩效通常采用事件研究法（Event study）。事件法最初是由 Fama et al.（1969）提出，这一方法的基础是有效市场假说。原理是通过分析并购宣告前后股票价格的变化，来评价并购绩效。该方法的本质是把企业并购看成单个事件，确定一个以企业并购事件宣告日为中心的“窗口期”，然后采用累计超常收益率（CAR）方法来检验该并购事件对股票市场的价格波动效应。具体而言，该方法是将公司发布并购公告前后的某段时间（事件期）内并购双方股东的真实收益率 R 与假设没有发生并购的那段时间内股票的预计正常收益率 E(R) 进行对比，得出所谓的并购超额收益率 AR（Abnormal Returns），即：AR = R − E(R)，再将窗口期内的 AR 累积起来，得到累积超额收益率 CAR。关于如何计算超额收益率中的实际收益率 R 和期望正常收益率 E(R)，前者较为简单，通常采用事件期内股票价格的收益率来计量；而后者预计正常收益率 E(R)的计算通常较为复杂。现有文献一般采用“市场模型法”（Market Model）来估算，即假定个股的收益率与整个市场的收益率波动呈正相关关系，以此为基础构造回归模型，估计个股收益率随市场收益率波动的 β 值，然后以整个市场的股票收益率为基础，估算个股的期望正常收益率。随着并购研究的发展，为了更好地计量并购的长期绩效，西方学者又在短期事件研究方法的基础上，创造了长期事件研究法。随着事件研究期限的延长，该研究方法也存在一定的局限性，因为研究所选择的窗口期时间越长，事件研究的“噪音”（Noise）也越大，这可能会对并购绩效计量的准确性产生干扰。因此，Agrawal et al.（1992）、Fama（1998）等学者不同程度地对事件研究法进行了修正，希望能提高该种方法衡量并购绩效的准确性，部分消除“噪音”的干扰，但是该方法仍然不可避免地存在一定缺陷。

国内外有相当大一部分研究采用事件研究法对并购绩效进行衡量，实证检验了并购为收购方和目标方带来的价值。在这些研究中，由于采用的样本以及测量的区间不一致，对于并购是否能提高公司价值这一问题并没有得到一致的结论。Jensen et al.（1983）综述了 13 篇检验并购后公司绩效是否得到提升的文献指出，对于目标公司而言，成功的并购能够为公司股东创造价值，在并购事件期内，目标公司的超额累积收益率至少能达到

20% -30%。然而对于收购方而言，并购是否能为其创造价值，现有研究并没有一致的结论。Bruner（2002）通过对以往文献的梳理发现，大约有 1/3 的文献认为并购为收购方创造了价值；还有 1/3 的文献认为并购毁损了收购方的公司价值；剩下还有 1/3 的文献则认为，并购对公司价值的影响并不显著。同样，我国对于并购绩效的研究也运用了事件研究法。李善民和陈玉罡（2002）以我国 1999 -2000 年在 A 股上市的公司发起的共 349 起并购事件作为样本，实证检验并购是否能为公司股东创造价值。研究发现，并购能为收购方的股东创造价值，而对目标方股东价值没有显著影响，并且，并购对国家股和法人股比重较大的收购方影响最为显著。张新（2003）研究发现，公司并购时间期内，收购方的累积异常收益率显著为 -16.76%，目标公司的累积异常收益率显著为 29.05%。在长期事件研究法的应用中，李增泉等（2005）对上市公司并购长期并购绩效进行分析，研究发现公司的并贩动机不同，并购绩效也会有所差异。李善民和朱滔（2006）以 1998 -2002 年发生于我国证券市场的 251 起多元化并购事件为样本，研究发现进行多元化并购的公司在并购后的 1 -3 年内股东财富损失达 6.5% -9.6%。

事件研究法有以下几个优点：①该方法可以直接衡量并购给公司股东创造的价值，便于计量；②该指标在衡量并购价值创造时具有前瞻性，因为从理论上看，公司股价是未来期望现金流的净现值，客观反映了并购在未来给公司创造的价值以及公司的风险大小。关于公司并购的实证研究虽然广泛地采用了事件研究法，但这种方法也存在一些不足。第一，无论是长期事件研究法还是短期事件研究法，其应用的前提均是市场有效假设（EMH）。如果与并购相关的信息不能充分反映到公司股票价格上，那么利用该方法计算公司并购绩效的可信度会有所降低；第二，该方法不能排除其他事件对累计异常收益率的影响，特别是应用到窗口期较长的短期事件研究或者长期事件研究中。在资本市场中，公司的股票价格会受到各种各样的因素影响，因此采用事件研究法衡量并购绩效很可能包含其他影响股票价格的事件，而不仅仅只是并购事件。第三，由于不同的学者会选择计算累计异常收益率的窗口期并不一致，到底选择多长的窗口期对研究结果的影响也相当大，因此无法得到统一的结论。

（2）财务绩效

公司并购的财务绩效主要是采用会计指标法。该方法是通过对公司在并购前后一个较长时间段的相关财务指标进行对比，分析企业并购前后报表上反应的会计业绩的变化，从而判断并购是否对公司价值有所影响，以此来衡量并购绩效。常用的会计指标主要包括两大类：一是获利能力指标，比如净资产收益率（ROE）、总资产收益率（ROA）、每股收益（EPS）、销售回报率（ROS）等；第二类是现金流回报指标，包括资产运营现金流回报、预期贴现现金流、基于整个市场价值的运营现金流回报等。

学者以财务绩效衡量并购绩效所得出的结论与市场绩效相似。一部分学者认为并购可以提高公司绩效，而另一部分学者则认为并购减损了公司价值或者对公司价值没什么影响。Meeks（1977）选取英国的公司为研究样本，发现收购方的 ROA 在并购后逐年下降。Mueller（1985）采用美国最大的 100 家公司长达 52 年的样本数据进行研究，结论同样发现并购给公司带来了重大价值损失。Dickerson（1997）研究发现在并购后的第五年，发生了并购的公司的 ROA 比没有发生并购的公司低 2%。与上述文献结论相反，Kaplan（1989）以 1980 - 1986 年发生并购的公司为样本，发现公司在并购三年后，总资产收益率、销售回报率、现金与收入比、净现金流量与资产比等一系列财务指标均实现了不同幅度的增长。Healy et al.（1992）选取1979－1984年美国最大的50例并购作为样本，研究发现公司在并购后，资产周转率有较大改善，企业的价值也得到了提升。此外，他们还证明采用事件研究法计算的收益率与公司未来的会计业绩显著相关，充分说明了股价对公司会计业绩的预测性。Hideaki（2007）选取日本1992－2005年间发生的并购事件为样本，研究发现当企业并购属于相关并购时，总资产收益率为7%，且在统计意义上显著，然而当企业并购属于非相关并购时，财务绩效没有得到显著提升。我国的研究也有很大一部分采用了财务业绩的衡量方法。冯根福和吴林江（2001）认为以股价变动来衡量企业并购绩效的方法并不适合于我国的现实情况，因此采用一种以财务指标为基础的综合评价方法对并购绩效进行度量，并且采用该方法对1994－1998年间我国上市公司并购绩效进行了实证分析，研究表明上市公司在并购后，其企业绩效呈现出一个先上升后下降的趋势；并且对于类型不同的并购事件，并购后的不同时期业绩表现也有很大差异。李心丹、朱洪亮、张兵（2003）研究发现，平均而言，对比公司并购发生的前三年与后四年的绩效，超过一半的公司在并购后财务绩效得到了显著提升。张新（2003）不仅采用了事件研究法，也采用了会计法对上市公司每股收益（EPS）、净资产收益率（ROE）和主营业务利润率（Margin）等3个指标在并购交易前后各3年的走势进行考察，结果表明目标公司的业绩短期有明显提升，上述三个指标在并购发生的当年和第一年后有较大改观，但到第2年和3年后绩效改善缺乏持续性。然而收购方的业绩并没有得到改善，收购方净资产收益率和主营业务利润率在并购后有下降的趋势。

采用财务绩效衡量并购绩效的优点在于：①可信度比较高，

因为上市公司财务报告要经过会计师事务所审计。②财务指标通常都是公开的，并且非常容易获得，不需要复杂的计算过程，也不需要以市场有效性为前提条件。然而，财务绩效衡量方法也具有以下重大的缺陷：①公司财务数据在不同年份之间不具有可比性，因为公司可能会变更其会计政策、会计估计等事项，企业会计准则也会随时间改变。②公司之间由于会计政策以及报告标准不同，这也给该指标的可比性增加了噪音。③财务数据通常反映的是公司过去一年的整体绩效，是一个事后指标，而不是公司未来收益的预期。④财务绩效常常忽略并购前后无形资产的价值变化以及公司承担的风险发生的变化。⑤在报告财务业绩时有严重的时滞性。⑥会计指标在一定意义上说具有可操纵性，容易受到公司盈余管理的影响。由此可见，财务绩效衡量方法并不完全严谨和客观。

2.1.2 公司并购绩效的影响因素

从以上文献的回顾中可以发现，无论采用市场绩效还是财务绩效衡量并购绩效，已有研究对于并购是否创造价值这一问题都没有得到一致的结论。一部分学者指出，并购能够为公司创造价值（Mandelker，1974；Jensen and Ruback，1983，Bradley et al.，1988；Stein，1997）。但也有学者的研究表明并购并没有为公司股东创造价值，甚至会减损公司价值（Franks et al.，1991；Dickerson，1997；Bruner，2002）。这就给理论界提出了疑问：影响公司并购绩效的重要因素究竟有哪些？通过梳理已有文献，影响公司并购绩效的因素众多，主要可以分为公司层面和交易层面的影响因素。

（1）公司层面的影响因素

参与并购的主体是收购方和目标方，因此已有文献发现公司自身特征会影响并购经济后果，主要包括公司的现金流量、财务杠杆水平、规模大小、未来投资机会、所有权性质、治理水平等因素。

现金流量。Jensen（1986）在自由现金流量假说中提出，由于管理层与股东之间存在利益冲突，当公司自由现金流量较多的时候，公司管理层倾向于构建帝国（Empire building），进行并购是公司管理层花费掉现金从而代替给股东发放股利的一个好方法。此时，公司管理层进行的并购活动大多数并不能够给公司创造价值，甚至减损公司价值，因此公司的自由现金流量与并购绩效负相关。此后，Lang et al.（1991）；Moeller et al.（2004）；Ishii and Xuan（2014）等人的研究也支持了以上理论，发现公司自由现金流量越多，并购绩效越差。然而，与代理理论相反，Myers and Majluf（1984）认为管理层会从股东利益的角度出发制定投资决策，现金持有超额的公司能够及时抓住 NPV 为正的投资机会，而现金持有不足的公司可能会因为资金短缺而放弃良好的投资机会，公司现金流量越多，并购更能为公司创造价值。Burner（1988）的研究表明，现金持有量越多的公司，其并购成功的可能性越大。Masulis et al.（2007）认为公司的现金流量还能反映一个公司经营状况的好坏，公司有较多的现金流量时，说明近年来公司绩效较好，这和公司拥有一个优秀的管理者是密不可分的，如果公司管理层的素质和管理水平较高，则能做出更好的并购决策，提升公司并购绩效。Cai and Sevilir（2012）的实证研究同样发现公司现金流量和并购绩效正相关。

财务杠杆。与现金流量的理论相似，一部分学者认为债务可以降低管理层和股东的代理成本，从而提高管理者的决策水平（Jensen and Meckling，1976；Grossman and Hart，1983），因此，财务杠杆越高的公司管理者会受到更严格的监督和约束，那么并购绩效也越好。Maloney et al.（1993）发现公司的资产负债率和并购绩效正相关，支持了债务的监督假说。王艳和阚铄（2014）、Ishii and Xuan（2014）、El－Khatib et al.（2015）的研究也支持了上述观点。也有学者认为，公司财务杠杆代表公司面临的财务风险，由于公司进行并购需要支付相当大一笔对价，可能会使得公司财务风险更大，因此财务杠杆水平与公司并购绩效负相关。Burner（1988）从“财务宽松”假说出发，认为财务杠杆降低表明公司拥有更多的现金来偿还债务，因此公司财务杠杆与并购绩效负相关。朱滔（2006）采用1998－2002年发生于我国证券市场的并购事件为样本，研究表明短期内资本市场更加认可财务风险较低的公司发起的并购。

公司规模。Moeller et al.（2004）认为，公司规模会影响公司的并购绩效。因为与大公司的管理者相比，小公司的管理者与股东利益更加一致，并且大公司的管理者更加狂妄自大。他们选取美国上市公司为收购方发起的并购事件为样本，研究发现，虽然样本公司的平均宣告日异常收益率为1.1%，但是收购公司的股东在并购宣告日却平均损失了2520万美元。这一差异说明公司并购的超额收益率存在规模效应。平均而言，在控制其他因素的影响后，小公司比大公司的并购超额收益高出大约两个百分点。与之相反，Asquith（1983）的研究却发现收购方的公司规模与并购长期绩效正相关。

投资机会。公司的投资机会或成长性也会影响并购绩效。绩效外推假设（performance extrapolation hypothesis）提出，无论公司的各种利益相关者和投资者都会根据公司的历史绩效来评价一个公司管理者做出的决策正确与否，这一原则同样适用于并购决策，而大多数人会以公司的市账比（资产的市场价值和账面价值之比）作为对历史绩效高低判断标准。公司的市账比越高，代表市场对公司过去的表现越认可，预期公司在未来好的投资机会也更多。那么，在并购事件期内，高市账比的公司会获得更高的累积异常收益率，这是市场参与者的预期导致的结果。Lang et al.（1989）用要约收购的样本进行研究发现，并购企业的宣告期收益与托宾 Q 正相关。因为托宾 Q 代表了市场对公司未来投资机会的预期，投资机会越多且投资项目的 NPV >0，公司托宾 Q 越高。当公司宣告并购时，市场会预期公司的外部投资机会比内部投资机会更好，那么与托宾 Q 的公司相比，托宾 Q 高的公司宣告的并购会得到更多的市场认可。Servaes（1991）则采用了所有类型的收购事件（包括兼并重组和要约收购），而不仅仅是要约收购，来检验以上理论。结果发现，公司的托宾 Q 仍然与并购绩效正相关，也就是说这一结果并不是偶然的意外，也并不仅限于要约收购中，可以推广到各种类型的并购事件中。Anderson et al.（1993）则利用市账比对 1966 – 1987 年发生的公司并购样本进行了检验，得出了相同的结论。然而与前几篇文献相反，Rau and Vermalen（1998）认为，正是由于市场按照并购企业的历史绩效来评估并购所创造的价值，使得高市账比（公司的市场价值与账面价值之比，M/B）企业中的管理者变得更加狂妄自大，并且这一类公司的管理层在做出并购决策时，公司董事会和股东会更容易通过该项并购计划；然而低市账比的公司做出的并购决策会更加谨慎，因为一个如此大规模的投资计划或者说是交易对过去历史绩效不好的公司来说可能是生死攸关的，因此，这样的并购并不是出于管理者的自大做出的决策，更能提高公司价值。他们采用银行样本进行了检验，研究发现市账比较低的收购方在并购后三年的累积异常收益率为负，而由市账比较高的公司发起并购在并购后三年的累积异常收益率为正，高市账比的公司并购绩效明显优于低市账比的公司。Louis（2002）的实证结果表明，市账比与对公司的长期并购绩效有显著正向影响，但这一正相关关系仅在银行样本中成立，因为银行这类企业本身市账比较高，当剔除所有银行样本以后，这一关系就不成立了。同样，Cai and Sevilir（2012）、王艳和阚铄（2014）的研究也发现公司的市账比与并购绩效正相关。

产权性质。国外的公司并购是在并购双方自由谈判磋商的前提下市场达成的契约，市场化程度较高，因此较少受到政府的干预。但是在我国，地方政府会出于政治目的（比如缓解就业问题或达到晋升的目的）要求国有上市公司进行并购（潘红波等，2008）。因此，在我国特殊的制度背景下，企业的所有权性质对并购绩效有着重大影响。潘红波和余明桂（2011）研究发现，地方国有企业发生异地并购的概率显著低于民营企业发生并购的概率；与同地并购相比，地方国企发起的异地并购，其并购绩效较低，并且企业在发起并购后，其承担的实际所得税税率和银行贷款成本均有显著提升。这些研究结果表明，与同地并购相比较，地方国企异地并购后获得的政府支持较少，从而导致负面的经济后果，支持了地方政府“支持之手”的主要观点。张雯等（2013）发现无论是采用市场绩效还是财务绩效对并购绩效进行衡量，有政治关联的公司并购绩效均显著低于没有政治关联的公司；其中，如果收购的目标方为国有控股企业，并购给收购方带来的损失最大。刘钊等（2014）研究发现，在政府干预少的地区，过度负债的国企会谨慎进行并购，导致并购可能性和金额均较小，但并购后的绩效有显著提高，而在政府干预多的地区国企受到行政干预，导致了非市场化并购；他们还发现民企较少受到政府的干预，并购的市场化程度更高。研究结论表明政府干预扭曲了资源配置，对进一步推进市场化改革具有重要的启示意义。

（2）交易层面的影响因素

除了参与并购的主体外，并购的客体是交易本身，并购交易的特征不同也会影响并购经济后果，主要包括并购的交易规模大小、支付方式、关联属性、并购溢价水平等因素。

交易规模。学术界对并购交易规模与并购绩效之间的关系有争议。一方面，如果收购方在支付并购交易对价时采取全部或部分股票支付，那么公司发行在外的股票数量将会增加。从供求平衡的角度来看，由于收购方的股票需求曲线是向下倾斜的，当其股票数量供给增加时，均衡价格将下降，因此收购方的异常收益率将会随着并购交易规模的提升而下降。另一方面，公司在并购后需要对并购双方的资源和能力重新整合，才能获得协同效应。在这个过程中，收购方需要将双方的生产经营资源、企业文化、企业销售渠道和企业制度等一系列因素整合到一起。因此，并购后的整合通常需要耗费大量的人力物力，如果有所疏忽，还会面临失败的结局。而这些整合成本一般与并购交易相对规模成正比，并购交易相对规模越大，整合难度就越大，整合成本就越高。Travlos（1987）、Cai and Sevilir（2012）的研究支持了上述结论，他们均发现，并购交易规模与并购绩效负相关。与之相反，Asquith et al.（1983）、Moeller et al.（2004）的研究指出收购方在并购上每支出一美元都会带来同样大小的正收益，那么并购交易规模应该和并购绩效正相关，他们的实证结果也同样支持了以上论断。

关联交易。关联并购，又称为关联方并购，是指企业收购关联方下属企业的股权或所拥有资产的一种并购。对于关联交易对并购绩效的影响学术界仍然存在着相反的两种观点。随着公司所有权结构越来越集中，Dyck and Zingales（2004）研究发现关联交易更多地是被控股股东用来攫取私有利益和掠夺中小股东的工具，因此关联并购重组为大股东从上市公司中攫取利益提供了便利，从而会减损并购公司的价值。我国的关联交易与国外相比更加活跃，因此我国学者也对此展开了一系列研究。朱红军等（2005）以第一百货吸收合并华联商厦为例，分析了共同控制下的企业合并与公司治理之间的关系。通过对合并方式、换股比例以及现金选择权等内容的分析，我们发现在大股东完全控制下的企业合并并没有实现合并的协同效应，而是将流通股股东的财富转移到了大股东手中。程敏（2009）研究发现当控股股东将其股权转让给关联方且股权性质发生了变更时，并购后现金流业绩显著降低。邓建平等（2011）通过研究我国上市公司发生关联并购重组的根源与后果，发现影响我国上市公司发生关联并购的根源是股份制改造模式，关联并购与非关联并购相比并不能为股东创造财富。宋献中和周昌仕（2007）研究发现关联并购行为具有较强的投机性，关联收购公司的竞争优势要弱于非关联收购公司。黄兴孪和沈维涛（2006）研究证明，在与其所控制上市公司的关联并购过程中，上市公司控股股东同时具有或者利用关联收购对其进行利益输送的动机，或者为了实现改善公司业绩使之达到政府管制标准的目的。当控股股东表现出较强的“支持”动机时，关联交易的并购公告效应为正，而当控股股东表现出较强的“掏空”动机时，关联交易的并购公告效应为负，但从长期看来，这两类上市公司的财务绩效并没有显著差异。张翼等（2015）指出多数关联交易集中在上市公司与其母公司之间或上市公司与母公司下属其他子公司之间的资产重组交易。关联企业间的资产重组大多可以迅速改善上市公司的经营业绩和财务状况，能迅速提高公司的短期并购绩效，并对公司的长远发展有重大意义。

支付方式。现有文献通常将并购支付方式分为两种，一种是纯现金支付的并购，一种是包括股票支付的并购（部分采用股票或者全部采用股票）；另一种分类方法就是分为三种：现金支付、部分股票支付和全部股票支付。Leland and Pyle（1977）、Myers and Majluf（1984）都认为公司内外部存在信息不对称，当企业意识到价值被高估，管理层就会为新的投资项目发行股票进行融资，所以发行股票会给市场传递一个不好的信号，从长期看这会导致公司股价下降。Travlos（1987）在信息不对称理论的基础上指出公司在收购时会选择对公司最有利的支付方式，如果采用股票支付则会给市场传递公司股票被高估的信号，那么公司并购的宣告效应就会比采用现金支付的并购更差。Rau and Vermaelen（1998）也指出，股票支付方式并购会使投资者产生并购企业价值被高估的预期。因此，当并购消息被公布时，并购企业的股价会因投资者的预期回归而趋于下降。Andrade et al.（2001）分析了并购公告日前后的平均超常收益率，发现股票支付损害了并购公司股东的价值，且使用现金支付方式可以取得较高的合并收益，而两种方式对目标公司股东的价值均有较大贡献。Conn et al.（2005）发现除了现金支付方式，并购方不管使用股票支付方式还是现金和股票组合的支付方式，收益率都为 -0.47%。Dong et al.（2006）研究发现被市场高估的并购方公司更倾向使用股票支付，但是在宣告日获得了较低的超额收益；而被市场低估的公司则倾向使用现金支付，并在宣告日获得了较高的超额收益。而与上述的研究结论不同，Hertzel and Smith（1993）认为，被收购方是非上市公司时通常股权非常集中，那么被收购方的所有者能够获得关于收购方股票真实价值的内部信息，因此采用股票作为支付方式收购非上市公司能向市场传递好的信号。Chang（1998）和 Fuller et al.（2002）指出，如果收购方采用股票作为支付对价，非上市公司的股东在被收购后很可能成为收购方的大股东，因此有动机去监督收购方的管理层，提高收购方的绩效，因此股权支付与公司并购绩效正相关。Chartterjee and Kuenzi（2001）对英国的数据进行统计分析发现，在以股票支付进行并购交易时，公告期间并购公司的超常收益显著为正。他们的解释是由于并购公司无法确切地了解目标公司的价值，因此，交易双方存在由于信息不对称所导致的出价偏高的风险，并购公司可以通过使用股票支付方式来转移风险，这在一定程度上解释了现实中换股并购逐渐增多的原因。Moeller et al.（2004）、Slovin et al.（2005）的研究也支持了以上结论。同样，由于在我国的并购中，被收购方大部分都为非上市公司，陈涛和李善民（2011）研究发现在股权分置改革后，股票支付的收购公司所取得的累积超额收益率显著为正，且显著大于现金支付所获得的累积超额收益率。

并购溢价。并购溢价在国外是指收购公司支付给目标公司股东超过目标公司在市场上股票价格的部分。Varaiya and Ferris（1987）、Sirower（1997）提出，并购溢价虽然反映了对并购协同效应的预期，然而在大多数并购中收购方的预期过高，出现了过度支付现象，从而减损了收购公司的价值。收购方在并购中支付高溢价实质上是将财富转移给了被收购方的股东，这也是为什么大部分研究发现实施并购以后，收购方的并购收益率为负而被收购方的并购收益率为正（Houston and Ryngaert，1997；Becher，2000）。其他学者又从不同角度对以上理论进行了证实：Roll（1986）提出了管理者自负假说（hubris hypotheis），认为由于管理者过于自大，往往高估并购投资在未来给公司带来的利润，因此会支付过高的并购溢价，溢价水平越高说明管理层越自负。Shleifer and Vishny（1997）从代理理论的角度出发，提出由于管理层想要攫取私人收益而不会考虑并购是否为公司创造价值，因此管理层会倾向于过度支付。并购溢价越高就传递出公司代理问题越严重的信号，并购溢价水平与并购绩效负相关。但是，由于我国并购的目标方大多数为非上市公司，无法观测其每股价格；并且国内并购行为很多是通过协议转让方式进行，在协议转让时主要以净资产作为交易双方定价谈判的基准，并购溢价是以收购公司支付给目标公司价格超过每股账面净资产的部分来衡量的（唐宗明和蒋位，2002；陈仕华和卢昌崇，2013；2014）。国内学者从收购方和被收购方两个角度分析了并购溢价与并购短期和长期绩效之间的关系。唐宗明和蒋位（2002）以及朱红军和汪辉（2005）都考察了并购溢价与目标公司长期超额收益之间的关系，前者认为并购溢价与目标公司长期超额收益之间的关系为负，反映了大股东的侵害效应，后者则认为并购溢价与目标公司长期超额收益之间的关系为正，反映了利益的协同效应，说明我国的投资环境在不断得到改善。朱滔（2006）在考察并购溢价与收购公司短期市场绩效之间的关系时发现，由于政府通过行政手段压低收购价格，收购公司的收购成本非常低廉，而当收购公司获得的目标公司的收益分成被市场重新定价后，市场识别了这种溢价，从而短期内会导致收购公司产生正的超额收益，因此并购溢价与并购绩效之间存在负向关系。

2.2 并购财务顾问选择相关文献

2.2.1 选择不同并购财务顾问的动因

已有文献认为，公司在并购中主要基于投行已有的声誉和以前完成服务的质量来选择投行。

Rau（2000）发现投行并购业务的市场份额和投行的或有收费以及以前完成的交易正相关。由于或有收费是反应投行质量的一个替代指标，说明投行以后是否被选择成为公司的并购财务顾问和投行声誉有关。

Sibilkov and McConnell（2014）发现以前服务过的客户的市场表现是投资银行被选择作为收购方的财务顾问的可能性以及投行财务顾问业务所占的市场份额的一个重要的决定因素。进一步，收购方在收购宣布日的市场价值变化与他们财务顾问的市场价值变化正相关。这一研究发现有两点启示：（1）收购方在选择他们的财务顾问时会考虑投行以前的表现；（2）市场力量使得财务顾问和客户的利益在收购市场紧密联系在一起。

Chang et al.（2015）研究了并购财务顾问的行业经验对公司在并购中选择财务顾问的影响。研究结果表明，投行具备目标公司所在行业的经验会增加其被选中作为收购方财务顾问的概率。然而，由于担心财务顾问会向行业竞争对手泄露信息，因此，收购方不愿意选择曾经为同行业的竞争对手提供过并购财务顾问服务的投行。进一步，该研究发现有行业经验的投行会获得更高的咨询费，并且并购成功率也更高。

Derrien and Dessaint（2015）利用美国1999－2010年的数据，发现投行的声誉是投行获取并购财务顾问业务的一个重要影响因素，由于本书的声誉指标是用排行榜排名（league tables rank）来衡量，因此排行榜排名（league tables rank）会影响到投行的行为，投行会通过一系列手段来操纵投行榜排名（league tables rank），具体手段包括售卖公允意见（fairness opinion）以及减少费用。

2.2.2 选择不同并购财务顾问的经济后果

现有文献对公司选择不同财务顾问的经济后果主要集中于财务顾问的声誉对并购成功率和并购绩效的影响进行了探讨，结论主要支持两个相悖的假设：优越交易假说和交易完成假说（superior deal hypothesis vs deal completion hypothesis），实证结果差异很大。

（1）优越交易假说（superior deal hypothesis）

部分学者认为投资银行能在并购中利用自己的经验和专业技能帮助公司设计更好的收购方案、争取谈判优势，因此投行的声誉、能力、以前的行业并购经验等对企业并购绩效有着正向影响。

Bowers and Miller（1990）使用美国 1981 - 1986 年的 600 个并购样本，检验了在并购中投行等级与股东财富之间的关系。研究发现不管对于收购公司，还是目标公司而言，选择 first - tier 的投行能带来更多的并购超额收益。

Kale et al.（2003）利用美国 1981 - 1994 年的数据，以投行市场占有率作为声誉的衡量指标，检验了投行声誉与并购中股东财富间的关系。结果表明相比于被收购方，更好的投行作为收购企业的财务顾问能增加并购成功的概率，并且降低价值减损型并购的发生。

Song and Wei（2009）指出当雇佣精品投行（boutique advisors）作为财务顾问的时候，相较于证券公司，收购方付出对价的溢价部分更少，也就是收购方将会从精品投行中获得更高的收益，并且另一方面精品投行也并没有收取更高的费用。因此虽然单个精品投行所占的市场份额不大，但其有更专注的行业。

Bao and Edmans（2011）运用了一个创新的方法，用投行的固定效应作为其能力的衡量指标，结果发现排名前四分位的投行并购的超额收益为 1.26%，而全样本的超额收益为 0.72%。结果支持不同的投资银行对公司并购的影响是不一样的。

Golubov et al.（2012）为财务顾问在并购中的作用提供了新证据。研究发现，收购方聘请顶级的财务顾问（top – tier）比非顶级同行（non – top – tier）能得到更高的收益，但这种效应只存在于公开收购中。因为公开收购中，财务顾问的声誉会更多地暴露在公众视野中，并且所需的技能比较大。并购绩效的改善来自于顶级顾问能够识别更好的目标，并获得更大份额的协同效应。

Wang et. al.（2014）研究了并购财务顾问的行业专业知识是否关系到创造并购的价值。该研究使用美国的大样本数据发现，收购者聘请有目标公司行业经验的财务顾问将在宣告期内有较高的股价异常回报。这一发现在多元化收购中，收购方没有目标公司所在行业的收购经验，或者在目标公司的行业透明度低时更为显著。

薛静（2014），周亮（2014）等人定性地分析了投资银行在公司并购中发挥的作用，其中包括大幅降低信息成本、减少交易费用、对并购成功的可能性做出分析和决策等。

（2）交易完成假说（deal completion hypothesis）

Bowers and Miller（1990）、Servaes and Zenner（1996）、Rau（2000）、Hunter and Jagtiani（2003）、Schiereck et al.（2009）等人的研究发现，投行在公司并购中只是跟随客户指令执行命令，完成交易，对并购决策并没有什么实际影响。

Servaes and Zenner（1996）比较了 1981 年至 1982 年期间有投行参与和没有投行参与的并购。结果发现公司是否聘请并购财务顾问主要取决于交易成本，合约成本和信息不对称成本。另外，虽然在并购中公司雇佣投资银行作为并购财务顾问的宣告效应较差，但是这种差异可以通过在交易特征的差异进行解释。

Rau（2000）利用美国 1980 - 1994 年企业兼并和要约收购的数据发现，一流（first - tier）的投资银行所参与的并购交易并不是一直优于那些由低等级的投行参与的交易，它们不能与较高的并购超额收益相关，虽然它们比低等级的投行完成并购的成功率更高，但是这是因为高等级的投行通常会说服公司付出更多的并购溢价来完成交易。

Hunter and Jagtiani（2003）选取 1995 年 1 月 - 2000 年 6 月间宣告的共 5337 个并购事件作为研究样本，实证发现顶级投行最终成功完成并购交易的可能性更大，并且完成并购耗费的时间也更短，然而投行声誉越高，获得的并购协同效应越小，并且，或有收费加速了并购的完成。但令人惊讶的是，由财务顾问发起的并购事件所花费的时间并没有更短。

Schiereck et al.（2009）研究了公司并购中雇佣的投资银行的声誉与并购交易财富效应之间的关系。主要对两个假设进行检验：第一，优越交易假说，该假说认为具有高声誉的财务顾问会建议具有较高收益的交易；第二是议价优势假说，该假说指出较大份额交易好处是由于采用有名的财务顾问方进行谈判议价。研究发现，来自欧洲 1997 - 2002 年间 285 个并购样本的证据并不支持以上两者中任何一个假设。平均而言，由不同等级的财务顾问完成的并购交易，其财富效应并没有显著不同。

Ismail（2010）采用了更大更新的美国样本（1985 - 2004）对高声誉的财务顾问是否能为并购创造更大的价值这一问题进行研究。结果发现，对于并购方来说，由一流（tier - one）的财务顾问完成的并购交易在并购宣告日损失了 4.2 亿的并购价值，而由二流（tier - two）的财务顾问完成的并购交易获得了 1.35 亿的并购收益，但是这一损失主要来自于大规模的并购交易，当剔除大规模的交易后，这一损失便不再存在。

2.3 关系在金融市场中的作用相关文献

2.3.1 广义的“关系”在金融市场中的作用

从广义的角度看，金融市场当中存在各种各样的“关系”，比如投资银行和分析师之间的关系（Dugar and Nath，1995；Lin and McNichols，1998），风险资本之间的关系（Bygrave，1988；Hochberg et al.，2007），风险资本和公司间的关系（Gompers and Xuan，2009）；投行（或银行）与公司间的关系（Ljungqvist et al.，2006；Fernando et al.，2012；Chen et al.，2013；潘越和戴亦一，2013），投资银行相互间的同行关系（Chuluun，2015），公司与公司董事会高管间的关系（Cai and Sevilir，2012；Ishii and Xuan，2014）等。这些“关系”同样会对公司和个人的决策制定及整个金融市场产生重大影响（Uzzi，1999；Stiglitz，2000）。

风险资本之间的关系。Bygrave（1988）研究发现“关系”可以为风险资本（VC）提供有价值的信息及资源，帮助其在风险不确定的情况下做出更好的投资决策，当风险资本面临的不确定性越大时，风险资本越倾向于与其他风险资本联合投资。Hochberg（2007）的研究表明，如果风险资本（VC）投资的企业拥有优越的关系网络位置，会取得更好的绩效，也就是说在未来成功退出被投资企业（采用上市或者出售给他人）的概率会显著增加，并且获得下一轮融资的可能性也会增加。

风险资本－公司间关系。Gompers and Xuan（2009）检验了共同的风险投资者对于降低收购方和目标公司信息不对称程度的作用。研究发现，当收购目标和收购方的融资都来自相同的风险资本公司时，并购宣告收益更高，股权支付收购的可能性也更大，收购也更容易发生。共同的风险资本投资者可以形成收购与目标公司之间的一座桥梁，减少信息不对称与双方的交易。

公司董事会和高管之间的关系。Cai and Sevilir（2012）发现在企业并购交易中，当两个公司间的董事会有关系时，收购方会获得更高的宣告收益。这种宣告收益在一级董事会联结关系（收购者和收购目标共享一个共同的董事）中十分显著。同样，在二级联结关系中（一个收购方的董事和一个目标公司的董事同时在第三家公司中任职），收购方的宣告收益也更高。陈仕华等（2013）基于并购双方之间信息不对称的研究视角，检验了并购双方之间的董事联结关系对目标公司选择和并购绩效的影响，结果显示：与并购方存在董事联结（包括间接董事联结）关系的公司更可能成为并购的目标公司，当这种董事联结关系是由内部董事形成时，以及当目标公司与并购方地处不同区域时，与并购方存在董事联结关系的公司成为目标公司的可能性更大；当并购方与目标公司之间存在董事联结关系时（与不存在董事联结关系相比），并购方获得的短期并购绩效并无显著差异，但获得的长期并购绩效会相对较好；并且当这种董事联结关系是由内部董事形成时，以及当目标公司与并购方地处不同区域时，董事联结关系对长期并购绩效的正向影响更强。韩洁等（2014）基于连锁董事的信息传递功能，选取2000年至2012年并购公司和目标公司均是中国A股上市公司的并购事件作为真实并购样本，以配对的方式选取潜在并购样本，通过Probit回归实证检验与并购公司存在连锁董事关系的潜在目标公司是否更可能成为并购目标公司，并进一步检验并购公司与潜在目标公司（包括目标公司）的信息不对称程度以及并购公司的实际控制人性质对上述关系的影响。研究结果表明，与并购公司存在连锁董事关系的公司更可能成为并购目标；当并购公司和潜在目标公司（包括目标公司）属于不同行业和不同地域时，或者当并购公司属于非国有企业时，这种关系表现得尤为显著。Ishii and Xuan（2014）研究了收购方和目标公司的董事会成员高管（CEO）间社会关系对公司并购绩效的影响。研究发现当两个公司间的董事和高管有共同的教育背景或工作经历时，公司并购绩效会更差。总的来说，收购方和目标公司的社会关系导致了低效率的并购决策并且降低了公司价值。进一步，收购方和目标公司有关系时，目标公司的董事会成员和 CEO 在并购后都更容易继续在公司任职，而收购方的董事会成员和 CEO 会得到更多与并购相关的奖金。并购双方有关系时，并购发生的概率也更大。El－Khatib et al.（2015）研究了公司 CEO 之间的关系对并购绩效的影响。本书发现外部联结度较高的 CEO 所在公司会进行更多的并购，并且不管对于收购方还是收购后双方这一整体来说，并购损失也更大。本研究表明 CEO 的社会关系会影响公司决策，CEO 会利用其社会权利和影响来增强自身的防御能力（entrenchment）和增加私人收益（private benefit）。Schmidt（2015）则发现，公司的 CEO 和董事会成员有社会关系时，董事会的独立性会有所减弱。但是，董事会成员的独立性并不总是有利于公司股东的利益：当公司董事会成员建议的潜在价值更高时，董事会的社会关系与收购宣告收益正相关；而当公司董事会成员监督的潜在价值更高时，董事会的社会关系与收购宣告收益负相关。

投资银行的同行关系。Corwin and Schultz（2005）检验了由不同投行组成的承销团队对公司 IPO 的影响。研究发现团队中的成员之间能互相传递信息，当团队内的成员越多，特别是不同投行之间有共同的经理时，报价的修改速度对信息的反应更快。并且，在公司 IPO 以后，共同经理越多则针对该公司的分析师报告和做市商也越多。Chuluun（2015）研究探讨了承销商的同行关系网络如何影响公司 IPO。该研究使用了不同的网络指标来捕捉承销商在全球网络中的核心地位，凝聚力和多样性，以及网络合作伙伴之前的行业经验。结果显示，承销商使用同行网络产生信息和取得证券承销业务，并且网络结构和特点会对信息的数量和质量产生影响。

2.3.2 投行－公司间关系在金融市场中的作用

现有文献证明投行（银行）与客户公司之间的关系对双方都有价值，该关系会影响投行（银行）行为和客户公司股东财富，但多数从 IPO、SEO 承销业务和贷款业务的领域进行研究。

James（1992）认为，在 IPO 公司与投行之间存在关系专用性资产（relationship－specific asset），因此，与公司有后续承销的投行在 IPO 时收费要显著低于那些没有后续承销的投行收费，这是建立特殊关系资产的成本体现。

Schenone（2004）探讨了与公司在 IPO 之前的银行关系对公司 IPO 的影响。这篇文章利用一个新颖独特的数据组，通过比较管理公司股票发行的承销商与公司在上市前的关系，检验了该公司在 IPO 之前建立起的银行关系能否降低高 IPO 抑价现象背后的信息不对称程度。结果表明，如果公司在上市前与未来的 IPO 承销商建立起了关系，那么该类公司的 IPO 抑价比没有这样关系的公司低 17%。

Drucker and Puri（2005）探讨了当金融中介贷款给发行人，同时还承保其证券公开发行是否存在有利于发行人及承销商的效率。该研究发现发行人可以通过降低承销费和贴现贷款利差受益，尤其是对于非投资级别的发行人来说。无论是商业银行还是投资银行，承销商都同时为发行人提供贷款和价格折扣，尽管他们采用了不同的方式。并且，商业银行和投行为公司提供现有贷款能帮助承销商建立关系，增加接受现有和未来业务的概率。

Ljungqvist et al.（2006）以1993－2002年的美国股票和债券的发行数据为研究样本发现，上市公司在选择SEO的发行承销商时，很大程度上取决于其与承销商之间的良好业务关系：如果该投行是其IPO的承销商，或者在SEO前与公司存在借贷关系，那么这一投行得到该公司SEO承销业务的概率就要大得多。

Bharath（2007）检验了公司和银行间的借贷关系对银行有什么好处。研究发现有关系的借款人比没关系的贷款人具有更大的信息优势，信息不对称程度较高的借款人更愿意从有关系的贷款人那里获得未来的贷款。有关系的银行未来可能更容易被选择作为公司未来的承销商，但是这一影响没有太大的经济含义。

Engelberg et al.（2012）发现当银行和公司通过人际关系联系起来的时候（如他们各自的管理人员曾经在就读同一所大学或以前在一起工作过），与单一信用评级的变化相比较，银行贷款利率明显减少了。而公司在这之后的表现，如未来信用评级或股票回报都有所改善，这表明社交网络会导致更好的信息流或更好的监控。

潘越，戴亦一（2013）以2001－2011年沪深两市310家SEO公司为研究样本，对投行与上市公司的“关系”在投行竞争SEO承销业务中的作用进行实证考察，研究结果表明，投行与上市公司“关系”越紧密，即如果该投行是公司IPO的承销商，或者在公司IPO时的承销份额越高，或者持有上市公司的股权，那么它越有可能获得公司SEO的承销业务。

Chen et al.（2013）发现当银行与公司有IPO承销关系时，即银行是公司的IPO承销商时，该银行未来为该公司提供贷款的概率更大，并且相比没有IPO承销关系的投行来说，贷款成本更低。

Fernando et al.（2012）用雷曼兄弟破产这一事件检验了一个长期存在的问题：投行与公司间的关系是否为公司创造了价值。本书检验了雷曼兄弟宣告破产当天以及前后七天内，由雷曼兄弟担任承销商、并购财务顾问、做市商服务的公司股价是否受到影响。研究结果表明，客户公司在宣告日的平均超额收益为-5%，破产七天内风险调整后损失总共达230亿美元。

2.4 小结

从上述文献可以看出，学者们围绕公司并购绩效、公司选择并购财务顾问的动因、经济后果以及不同种类的关系如何影响金融市场等问题展开了较为深入的研究，但仍然存在以下几个方面的不足：

（1）对于公司并购中财务顾问的作用以及财务顾问选择的动因，大多都是从投行的声誉、以前的业绩或者是经验等角度进行研究，较少有文献从投行-公司间关系的角度来研究财务顾问选择的原因及其经济后果。

（2）关于投行-公司间关系对金融市场的价值的文献大多集中于投行IPO、SEO承销和商业银行贷款等领域，对投行并购业务领域的研究较少。

（3）关于并购领域的关系问题，已有文献主要从收购方和目标公司的董事会高管关系或者公司和风险投资（VC）的关系对公司并购的影响进行了研究，尚未从投行与公司之间的关系进行研究。

（4）公司在并购中如何选择财务顾问以及选择不同财务顾问的经济后果的相关文献均针对西方发达资本市场，国内对于该问题的研究尚存在空白。

因此，接下来本书基于我国的“关系”型社会背景，从“关系”的角度出发，研究公司在并购中选择财务顾问的动因，并进一步研究基于“关系”选择不同财务顾问对并购的经济后果和交易特征有什么影响。

第3章

制度背景和现状分析

3.1 法律制度背景

自2000年以来，我国上市公司的各种兼并收购、资产重组案例层见叠出，中国证监会及其他相关政府部门也相继出台了一系列法律规章和宏观政策来规范公司的并购重组行为和金融中介的并购重组业务。至今，制定了《公司法》《证券法》两大基本法律，《上市公司收购管理办法》《上市公司重大资产重组管理办法》《上市公司并购重组财务顾问业务管理办法》三大部门规章，作为我国公司并购的法律法规体系；并且下发了《国务院关于促进企业兼并重组的意见》《关于加快推进重点行业企业兼并重组的指导意见》《国务院关于进一步优化企业兼并重组市场环境的意见》

等一系列宏观政策来促进和规范资本市场的并购重组健康发展。

3.1.1 我国公司并购相关的法律制度

（1）法律法规

①《公司法》。我国的《公司法》由第八届全国人大常委会第五次会议于1993年12月29日通过，自1994年7月1日起施行。而现行的《公司法》自2006年1月1日起实施，其中涉及多项与并购相关的基本规定，这些规定构成了适用于各类公司并购的基本法律框架。

《公司法》中与公司并购有关的第一个重要内容是公司合并。公司合并是指两个以上的公司依照法定程序，不需要经过清算程序，直接合并为一个公司的行为，包括吸收合并和新设合并。《公司法》规定合并程序有五大步骤：第一，签订合并协议；第二，编制资产负债表及财产清单；第三，合并决议；第四，通知债权人；第五，依法进行登记。其中，合并决议对于股份公司和有限责任公司所要求的股东（大）会程序不同。股份有限公司合并，必须召集和召开股东大会，决议须经出席会议的股东所持表决权的三分之二以上通过。有限责任公司股东会有关合并的决议，须经代表三分之二以上表决权的股东通过，并且有限公司股东无需召开股东会会议，只要以书面形式一致同意即可作出决议。

《公司法》中与公司并购有关的第二个重要内容是公司的股权转让。对于股权转让的规定，有限责任公司和股份有限公司有所不同。关于有限责任公司的股权转让，《公司法》单设一章，规定有限责任公司的股东相互之间可以自由转让股权，但股东对外转让股权则有所限制。首先，股东向股东以外的人转让股权，应当经其他股东过半数同意，如果其他股东不同意，应当购买该转让的股权，不购买的，视为同意转让。其次，经股东同意转让的股权，在同等条件下其他股东有优先购买权。对于股份有限公司而言，普通股东持有的股份可“依法转让”，但持有本公司股份的发起人及公司董事、监事、高级管理人员，在买入后六个月内卖出，或者在卖出后六个月内买入股份，由此所得收益归该公司所有。

②《证券法》。1999 年 7 月 1 日是最早的《证券法》实施日，而现行《证券法》自 2006 年 1 月 1 日起实施。《证券法》中关于公司并购的内容是针对上市公司收购而言的，相关法律条文集中在该法第四章“上市公司收购”的规则中。

《证券法》指出，上市公司收购的目的在于获得对上市公司的实际控制权，表明已获得或拥有上市公司控制权的情形如下：第一，投资者为上市公司持股 50% 以上的控股股东；第二，投资者可实际支配上市公司股份表决权超过 30%；第三，投资者通过实际支配上市公司股份表决权能够决定公司董事会半数以上的成员选任；第四，投资者依其可实际支配的上市公司股票表决权足以对公司股东大会的决议产生重大影响；第五，中国证监会认定的其他情况。投资者及其一致行动人在一家上市公司中拥有的权益应当合并计算。除此以外，《证券法》对于持有上市公司收购中相关当事人的义务、持股权益披露、要约收购、协议收购、间接收购均作了详细规定。

③《上市公司收购管理办法》。中国证监会于 2002 年 9 月颁布了《上市公司收购管理办法》，这是证券市场首部专门针对上市公司收购行为的部门规章。2006 年新《公司法》和《证券法》出台后，《上市公司收购管理办法》也随之推出，于 2006 年 9 月 1 日起施行，之后分别于 2008 年 8 月 27 日、2012 年 2 月 14 日、2014 年 10 月 23 日共修订三次，确立了以市场化为导向

的上市公司收购制度。

《上市公司收购管理办法》以《证券法》中第四章“上市公司收购”为基础，设立了十章内容，其中权益披露、要约收购、协议收购、间接收购的基本内容与《证券法》相关规定类似。但是为了简化并购重组行政许可程序，提高并购重组效率，该《办法》在第六章《豁免要约》中具体规定了免于要约收购的条件，并提出收购人可以根据自己的经营决策自行选择向公司所有股东发出收购其全部股份的全面要约，也可以通过主动的部分要约方式取得公司控制权。更加值得关注的是，2006年新推出的《管理办法》特别增设了第七章《财务顾问》一章，建立和完善了上市公司并购中的财务顾问制度，具体内容将在3.1.2节介绍。

④《上市公司重大资产重组管理办法》。《上市公司重大资产重组管理办法》旨在规范上市公司及其控股或者控制的公司在日常经营活动之外购买、出售资产或者通过其他方式进行资产交易达到规定的比例，导致上市公司的主营业务、资产、收入发生重大变化的资产交易行为，该《办法》自2008年5月18日起施行，并于2014年10月23日修订。

《上市公司重大资产重组管理办法》规定，上市公司及其控股或者控制的公司购买、出售资产，达到下列标准之一的，构成重大资产重组：第一，购买、出售的资产总额占上市公司最近一个会计年度经审计的合并财务会计报告期末资产总额的比例达到50%以上；第二，购买、出售的资产在最近一个会计年度所产生的营业收入占上市公司同期经审计的合并财务会计报告营业收入的比例达到50%以上；第三，购买、出售的资产净额占上市公司最近一个会计年度经审计的合并财务会计报告期末净资产额的比例达到50%以上，且超过5000万元人民币。上市公司同时购买、出售资产的，应当分别计算购买、出售资产的相关比例，并以二者中比例较高者为准。

《上市公司重大资产重组管理办法》中第十五条也有关于公司聘请财务顾问的规定：上市公司应当聘请独立财务顾问、律师事务所以及具有相关证券业务资格的会计师事务所等证券服务机构就重大资产重组出具意见。

（2）宏观政策

自2010年以来，为了进一步推进资本市场企业并购重组的市场化改革，健全市场化定价机制，完善相关规章及配套政策，我国相继出台了一系列促进兼并重组的宏观政策，具体如下。

①《国务院关于促进企业兼并重组的意见》。2010年8月28日，国务院下发《国务院关于促进企业兼并重组的意见》，提出要发挥企业在兼并重组中的主体作用、坚持市场化运作、防止“拉郎配”；消除兼并重组的制度障碍，放宽民营资本的市场准入；加强对企业兼并重组的引导和政策扶持，落实税收优惠政策，加强财政资金投入和金融支持；改进对兼并重组的管理和服务，推动企业兼并重组中介服务向专业化、规范化发展。

②《关于加快推进重点行业企业兼并重组的指导意见》。为贯彻落实上述《国务院关于促进企业兼并重组的意见》部署要求，2013年1月22日，工信部联合发改委等12个部门印发《关于加快推进重点行业企业兼并重组的指导意见》，对汽车、钢铁、水泥、船舶、电解铝、稀土、电子信息、医药、农业产业化龙头企业九大领域和行业的兼并重组工作提出了主要目标和重点任务。通过推进企业兼并重组，提高产业集中度，促进规模化、集约化经营，增强重点行业中企业的市场竞争力。

③《国务院关于进一步优化企业兼并重组市场环境的意见》。2014年3月24日，国务院又下发了《国务院关于进一步

优化企业兼并重组市场环境的意见》。在2010年颁布的《国务院关于促进企业兼并重组的意见》的基础上，该《意见》提出要加快推进审批制度改革。首先，取消下放部分审批事项，包括取消上市公司收购报告书事前审核，取消上市公司重大资产购买、出售、置换行为审批（构成借壳上市的除外），对豁免上市公司要约收购义务的部分情形取消审批，地方国有股东所持上市公司股份的转让下放地方政府审批。其次，简化审批程序，包括实行上市公司并购重组分类审核，对符合一定条件的企业兼并重组实行快速审核或豁免审核；简化海外并购的外汇管理，改革外汇登记要求等。

3.1.2　我国公司并购财务顾问相关的法律制度

我国涉及公司并购财务顾问相关的法律条文主要出自前文提到的2006年《上市公司收购管理办法》第七章《财务顾问》，以及2007年7月10日证监会通过的《上市公司并购重组财务顾问业务管理办法》，这是首例针对财务顾问业务的专项管理办法，并于2008年8月4日开始实施。

（1）《上市公司收购管理办法》

《上市公司收购管理办法》第七章《财务顾问》首次对投行券商的财务顾问业务提出要求，明确了财务顾问在公司并购中的职责，规定如下：①对收购人的相关情况进行尽职调查；②应收购人的要求向收购人提供专业化服务，全面评估被收购公司的财务和经营状况，帮助收购人分析收购所涉及的法律、财务、经营风险，就收购方案所涉及的收购价格、收购方式、支付安排等事项提出对策建议，并指导收购人按照规定的内容与格式制作申报文件；③对收购人进行证券市场规范化运作的辅导，使收购人的董事、监事和高级管理人员熟悉有关法律、行政法规和中国证监会的规定，充分了解其应当承担的义务和责任，督促其依法履行报告、公告和其他法定义务；④对收购人是否符合本办法的规定及申报文件内容的真实性、准确性、完整性进行充分核查和验证，对收购事项客观、公正地发表专业意见；⑤接受收购人委托，向中国证监会报送申报材料，根据中国证监会的审核意见，组织、协调收购人及其他专业机构予以答复；⑥与收购人签订协议，在收购完成后12个月内，持续督导收购人遵守法律、行政法规、中国证监会的规定、证券交易所规则、上市公司章程，依法行使股东权利，切实履行承诺或者相关约定。

（2）《上市公司并购重组财务顾问业务管理办法》

《上市公司并购重组财务顾问业务管理办法》是首例针对财务顾问业务的专项管理办法，于2008年8月4日实施。前文提到的《上市公司收购管理办法》只用了短短一章内容来规范财务顾问业务，而《上市公司并购重组财务顾问业务管理办法》全文共五章四十五条，全面而深入地对证券公司、证券投资咨询机构及其他财务顾问机构从事上市公司并购重组财务顾问业务活动进行了规范。

第二章《业务许可》对从事上市公司并购重组财务顾问业务应当具备的条件作出了规定。其中第六条规定证券公司从事上市公司并购重组财务顾问业务，应当具备下列条件：①公司净资本符合中国证监会的规定；②具有健全且运行良好的内部控制机制和管理制度，严格执行风险控制和内部隔离制度；③建立健全的尽职调查制度，具备良好的项目风险评估和内核机制；④公司财务会计信息真实、准确、完整；⑤公司控股股东、实际控制人信誉良好且最近3年无重大违法违规记录；⑥财务顾问主办人不少于5人；⑦中国证监会规定的其他条件。第十条指出财务顾问主办人需要具备下列条件：①具有证券从业资格；②具备中国证监会规定的投资银行业务经历；③参加中国证监会认可的财务顾问主办人胜任能力考试且成绩合格；④所任职机构同意推荐其担任本机构的财务顾问主办人；⑤未负有数额较大到期未清偿的债务；⑥最近 24 个月无违反诚信的不良记录；⑦最近 24 个月未因执业行为违反行业规范而受到行业自律组织的纪律处分；⑧最近 36 个月未因执业行为违法违规受到处罚；⑨中国证监会规定的其他条件。并且，其中第十七条还规定：证券公司、证券投资咨询机构或者其他财务顾问机构受聘担任上市公司独立财务顾问的，应当保持独立性，不得与上市公司存在利害关系；存在下列情形之一的，不得担任独立财务顾问：①持有或者通过协议、其他安排与他人共同持有上市公司股份达到或者超过 5%，或者选派代表担任上市公司董事；②上市公司持有或者通过协议、其他安排与他人共同持有财务顾问的股份达到或者超过 5%，或者选派代表担任财务顾问的董事；③最近 2 年财务顾问与上市公司存在资产委托管理关系、相互提供担保，或者最近一年财务顾问为上市公司提供融资服务；④财务顾问的董事、监事、高级管理人员、财务顾问主办人或者其直系亲属有在上市公司任职等影响公正履行职责的情形；⑤在并购重组中为上市公司的交易对方提供财务顾问服务；⑥与上市公司存在利害关系、可能影响财务顾问及其财务顾问主办人独立性的其他情形。

第三章《业务规则》对财务顾问从事上市公司并购重组财务顾问业务应当履行的职责也做出了规定，具体内容与《上市公司收购管理办法》差异很小，只是进一步明确了相关细节。从本章内容也可看出，上市公司必须聘请财务顾问的情形有如下几种：①涉及上市公司收购或要约收购。（因国有股行政划转或者变更、在同一实际控制人控制的不同主体之间转让股份、继承取得上市公司股份超过 30% 的，收购人可免于聘请财务顾问）；

②涉及上市公司重大资产重组。上市公司重组判定标准参照2008年3月24日的《上市公司重大资产重组管理办法》；③涉及上市公司发行股份购买资产；④涉及上市公司合并；⑤涉及上市公司回购本公司股份。

3.2　现状分析

3.2.1　我国并购发展的历史与现状

以美、英、日、德等西方发达国家为代表的并购活动开始较早，始于19世纪与20世纪之交，形成了五次大的并购浪潮。而我国的并购历史较短，始于20世纪末的80年代，以一些标志性事件和相关法律法规的建立完善，大致可分为具有浓重中国特色的五个阶段。

第一阶段：行政主导阶段（1984－1993年）

我国改革开放后以企业为主要组织形式发起的真正意义上的并购，最早可以追溯到1984年保定机械厂兼并了保定针织器械厂案例。随后，在我国的各大城市，比如武汉、上海、南京、北京等地都有企业相继发起并购。这一时期的企业并购几乎都是在政府推动下发起的（郑海航等，2000）。其间，最有名的并购模式是“保定模式”和“武汉模式”。“保定模式”采取自上而下的方式，由政府依据产业政策，以所有者代表身份直接参与并购，进行引导、牵线搭桥，推动企业兼并收购。“武汉模式”则恰好相反，采取自下而上的方式，企业双方自愿的基础上充分协商最后达成协议，报双方主管部门批准即可，但其本质仍然是通过政府推动。1988年，武汉市成立第一家企业产权转让市场。同年，成都、保定、郑州、洛阳、太原等地也相继组建了产权交易市场。产权交易市场的建立为企业并购提供了一个重要途径，也促进了全国范围内的企业并购迅速发展。

第二阶段：市场化并购萌芽期（1993－1999年）

20世纪90年代初，上海、深圳证券交易所设立，中国资本市场开始成长起来，上市公司数量和股票交易量都急剧增加。股份制和资本市场的迅速发展，为一家公司通过在二级市场购买另一家公司的股票从而达到控股提供了可能性。1993年10月，深圳宝安集团通过在上海证券交易所购买上海延中实业公司的上市流通股票完成了对延中实业公司的控股，开创了我国企业通过二级市场收购上市公司的先河，也标志着我国企业并购进入新阶段。1994年4月，珠海恒通集团股份有限公司斥资5160万收购上海棱光股份有限公司1200万股国有股份，成为了棱光股份的第一大股东，这一案例不仅仅是国有股首次实现转让，也是中国第一例完整意义上的“借壳上市”。此后，许多因政策原因被排除在证券市场之外的民营企业开始通过“借壳”的方式实现上市。到1998年，由于民营科技型企业在并购事件中崭露头角，开始出现了如清华同方与鲁颖电子的吸收合并等一系列市场运作的实践创新。

如图3－1所示，1994年我国的企业并购仅有几起，而到了1999年，我国的企业并购已经突破100例，金额也达到了将近180亿元。在这一阶段，并购事件逐年递增，规模也在不断扩大，市场化并购开始萌芽。

第三阶段：市场化并购初期（1999－2006年）

1999年7月1日开始实施的《中华人民共和国证券法》明确规定，上市公司可以通过协议转让和股权转让两种方式转让股

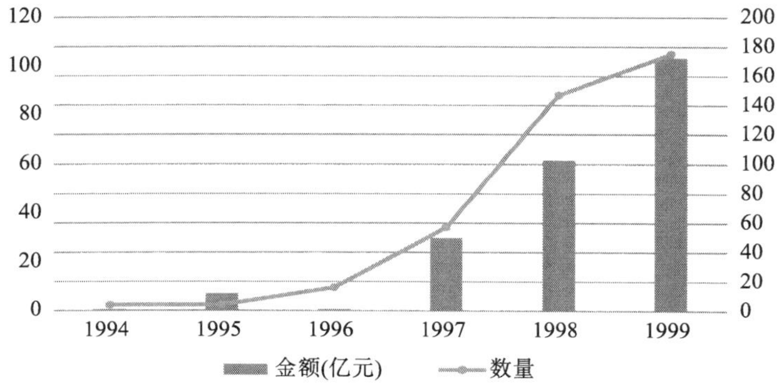

图 3-1　1993-1999 年我国企业（含非上市公司）并购发展情况

注：数据来源于 wind 数据库。

权。紧随其后的 2000 年，我国加入 WTO，经济发展逐步趋于实现全球化，企业并购活动跨入了新的阶段，这一年，共有 100 多家上市公司的控制权发生转移，虽然政府在这些并购中的作用仍然较为突出，但传统行业的一些战略性整合并购也开始活跃在资本市场当中。2002 年政府部门出台了一系列与公司并购有关的法律法规，2012 年 12 月 1 日实施的《上市公司收购管理办法》《上市公司股东持股变动信息披露管理办法》以及 11 月发布的《关于上市公司涉及外商投资有关问题的若干意见》、2003 年 4 月出台的《外国投资者并购境内企业暂行规定》标志着我国上市公司收购的法律框架基本搭建完成。这些法律法规使得并购交易的方式逐渐多样化，吸引了更多外资和民营资本参与上市公司并购当中。

如图 3-2 所示，自从 1999 年以来，我国企业并购的数量和金额都是逐年增加的，除了 2005 年以外，企业并购数量从 1999 年的 180 起增加到 2006 年的 1500 起，翻了 8.3 倍；而企业并购金额从 1999 年全年近 200 亿元增加到 2006 年全年 1400 亿元的规模，可见，这一阶段企业并购热度不减反增。

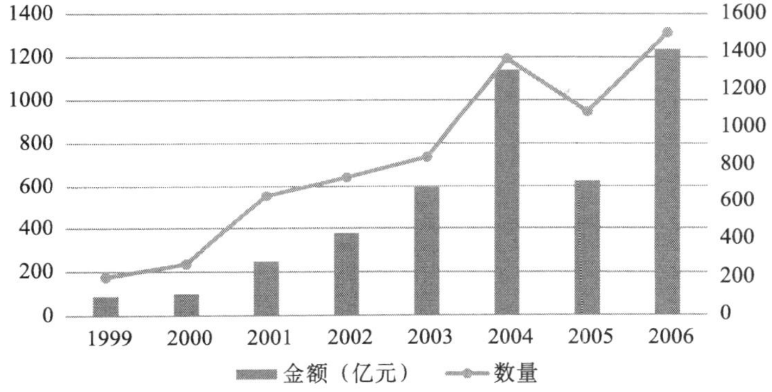

图 3 - 2　1999 - 2006 年我国企业（含非上市公司）并购发展状况

注：数据来源于 wind 数据库。

第四阶段：并购市场化发展期（2006 年至今）

2005 年 4 月至 2006 年 10 月，中国 A 股市场股权分置改革基本完成，股改公司市值超过 93%。股改解决了我国企业转让权缺失的问题，为我国上市公司的并购活动提供了良好的外部制度环境。伴随着 2006 年 1 月新《公司法》和《证券法》出台，《上市公司收购管理办法》也大幅修改，于 2006 年 9 月 1 日开始实施。2010 年《国务院关于促进企业兼并重组的意见》下发以后，提出我国企业并购要坚持市场化运作、消除兼并重组的制度障碍、放宽民营资本的市场准入、加强对企业兼并重组的引导和政策扶持等一系列政策，使得我国企业并购重组又迎来了新的高潮。如图 3 - 3 所示，2006 年股权分置改革以后，由于股权的定价机制趋于市场化，2007 年，我国企业并购数量增加幅度远不及并购金额的增加幅度，并购数量仅从 1315 起增加到 1738 起，而并购金额却从 1470 亿元增到 5331 亿元。之后经过一个时期的平稳增长，从2011年开始加速发展，到2015年已经突破2万亿人民币的并购交易总价值。

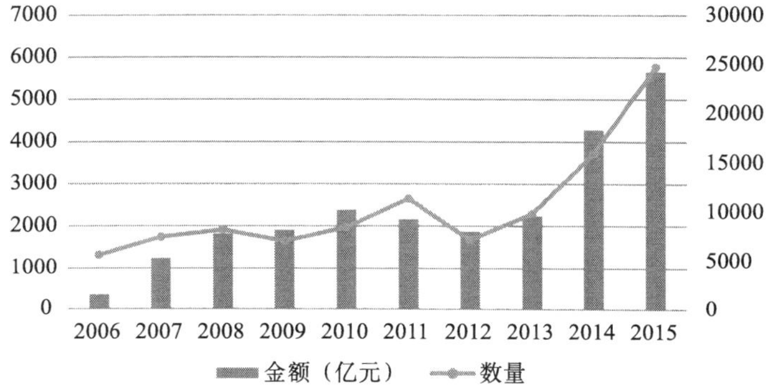

图3-3　2006-2015年我国企业（含非上市公司）并购发展状况

注：数据来源于Wind数据库。

除了并购数量和金额的不断增加，这一阶段，并购的市场定价机制得到完善，并购方式更是不断创新。如表3-1所示，我国在2006年以前，从数量上来看，协议收购占了并购超过90%的江山，几乎所有的并购都以协议收购的方式进行，排名第二的无偿行政划转也仅仅占3.6%的比例，几乎不存在发行股份购买资产的并购方式；从金额上看，协议收购的比例更大，接近95%的收购均为协议收购。然而，2006年以后，协议收购的比例开始减少，数量上减少到69%，金额上更是跌至不足50%；相反，发行股份购买资产这种并购方式逐渐兴起，数量上虽然仅增加到5.5%，但金额上已达到近30%的比例。另外，增资重组所占并购比例也增加不少，从2006年前的0.04%增加到了9.5%。这说明我国企业并购方式在2006年后变化较大，从以协议收购为主的并购方式逐渐向市场化的发行股票购买资产的方式发展，特别是一些大规模的并购，上市公司通过资本市场融资获得并购资金来源，降低了企业并购的成本和难度，这又进一步促进了我国企业并购的发展。

表 3－1　　2006 年前后我国企业并购方式变化

并购方式	2006 年后		2006 年前	
	数量占比	金额占比	数量占比	金额占比
协议收购	68.89%	46.38%	91.57%	94.16%
有偿股权划拨	1.31%	0.02%	0.00%	0.00%
二级市场收购（含产权交易所）	9.19%	3.49%	0.38%	0.43%
吸收合并	0.72%	5.18%	0.11%	0.06%
资产置换	1.84%	4.62%	2.51%	3.61%
增资	9.49%	6.53%	0.04%	0.00%
回购	0.08%	0.06%	0.11%	0.08%
要约收购	0.87%	2.30%	0.36%	0.58%
发行股份购买资产	5.52%	29.59%	0.08%	0.54%
管理层收购	0.11%	0.26%	0.06%	0.00%
无偿行政划转或变更	0.45%	0.00%	3.68%	0.00%

注：数据来源于 Wind 数据库。

3.2.2　我国投行并购财务顾问业务发展现状

（1）我国从事并购财务顾问业务的投行范围

虽然投行券商或者会计师事务所为公司并购提供融资、咨询等中介服务并不是 2006 年以后才开始，但是由于以前企业并购数量少、规模小，公司在小型并购中通常也不会聘请投行增加并购成本，导致投行对并购业务并不重视。而在 2006 年以后，我国颁布了《上市公司收购管理办法》，其中第七章特别增设了《财务顾问》章节，正式建立起公司并购财务顾问制度。而此后的2008年又针对这一章内容下发了《上市公司并购重组财务顾问业务管理办法》，其中明确了投行券商从事财务顾问的业务规则和职责范围，并且规定未经中国证监会核准，任何单位和个人不得从事上市公司并购重组财务顾问业务，完善了关于并购财务顾问的相关制度。表3－2中描述了截至2013年有资格为上市公司提供并购财务顾问服务的投行及其执业能力水平分类，从该表中可以看出，我国经过证监会核准有资格提供上市公司并购财务顾问服务的中介机构几乎全部都是证券公司（国外也叫投行），共72家。其中，通过证券业协会的评价，A类财务顾问较少，C类财务顾问较多（A类财务顾问执业能力强，执业质量优秀；B类财务顾问执业能力较强，执业质量良好；C类财务顾问执业能力较弱，或执业质量较差），也就是说执业能力强、质量优的投行相对而言较少。

表3－2　　我国并购财务顾问执业资格一览

	投行（按拼音排序）	分类		投行（按拼音排序）	分类
1	爱建证券有限责任公司	C	10	第一创业摩根大通证券有限公司	C
2	安信证券股份有限公司	B	11	东北证券股份有限公司	C
3	渤海证券股份有限公司	B	12	东方花旗证券有限公司	B
4	财富里昂证券有限责任公司	C	13	东海证券股份有限公司	A
5	财通证券有限责任公司	B	14	东吴证券股份有限公司	C
6	长城证券有限责任公司	B	15	东兴证券股份有限公司	C
7	长江证券承销保荐有限公司	B	16	东莞证券有限责任公司	C
8	大通证券股份有限公司	C	17	高盛高华证券有限责任公司	B
9	德邦证券有限责任公司	C	18	广发证券股份有限公司	A

续表

	投行（按拼音排序）	分类		投行（按拼音排序）	分类
19	广州证券有限责任公司	B	46	瑞银证券有限责任公司	C
20	国都证券有限责任公司	B	47	申银万国证券股份有限公司	B
21	国海证券股份有限公司	B	48	世纪证券有限责任公司	C
22	国金证券股份有限公司	C	49	首创证券有限责任公司	C
23	国开证券有限责任公司	C	50	太平洋证券股份有限公司	C
24	国盛证券有限责任公司	C	51	天风证券股份有限公司	C
25	国泰君安证券股份有限公司	A	52	万联证券有限责任公司	C
26	国元证券股份有限公司	B	53	西部证券股份有限公司	B
27	海际大和证券有限责任公司	C	54	西南证券股份有限公司	A
28	海通证券股份有限公司	B	55	湘财证券有限责任公司	C
29	恒泰证券股份有限公司	C	56	新时代证券有限责任公司	C
30	宏源证券股份有限公司	B	57	信达证券股份有限公司	C
31	红塔证券股份有限公司	B	58	兴业证券股份有限公司	C
32	华安证券有限责任公司	C	59	英大证券有限责任公司	C
33	华创证券有限责任公司	C	60	招商证券股份有限公司	B
34	华林证券有限责任公司	B	61	浙商证券股份有限公司	B
35	华龙证券有限责任公司	B	62	中德证券有限责任公司	B
36	华融证券股份有限公司	B	63	中国国际金融有限公司	A
37	华泰联合证券有限责任公司	A	64	中国民族证券有限责任公司	C
38	华西证券有限责任公司	C	65	中国银河证券股份有限公司	C
39	华英证券有限责任公司	C	66	中国中投证券有限责任公司	B
40	江海证券有限公司	C	67	中航证券有限公司	C
41	金元证券股份有限公司	C	68	中山证券有限责任公司	C
42	摩根士丹利华鑫证券有限责任公司	C	69	中信建投证券股份有限公司	A
43	齐鲁证券有限公司	A	70	中信证券股份有限公司	A
44	日信证券有限责任公司	C	71	中银国际证券有限责任公司	A
45	瑞信方正证券有限责任公司	C	72	中原证券股份有限公司	B

注：数据来源于中国证券业协会。

（2）我国投行并购财务顾问业务市场竞争情况

众多投行竞争上市公司并购财务顾问业务，那么其市场份额占比情况是怎样的呢？表3－3同样描述了2013年我国投行从事财务顾问业务市场份额占前十的情况，中信证券全年完成并购金额最多，达到878.9亿元，其次是中金公司，排名第三的是华泰联合，并购完成的并购数量在前十名当中是最多的。并且，从合计一栏可以发现，排名前十的投行所占市场份额加起来已经超过了50%，达到了60.29%。这说明并购财务顾问市场集中度是较高的，大部分业务收入都被前十大投行给包揽了，剩下不到40%的市场份额却有60多家券商来竞争，也就是说对于低声誉的投行来说，并购财务顾问业务竞争相当激烈。

表3－3　我国投行从事财务顾问业务市场份额（前十）

排名	投行名称	完成金额	市场份额	完成数量
1	中信证券股份有限公司	878.89	15.79	15
2	中国国际金融股份有限公司	442.13	7.94	7
3	华泰联合证券有限责任公司	362.41	6.51	27
4	西南证券股份有限公司	345.53	6.21	18
5	国泰君安证券股份有限公司	289.76	5.21	8
6	安信证券股份有限公司	285.99	5.14	7
7	海通证券股份有限公司	214.93	3.86	10
8	招商证券股份有限公司	194.29	3.49	2
9	中信建投证券股份有限公司	184.46	3.31	11
10	国金证券股份有限公司	157.23	2.83	7
合计		3355.62	60.29	112

注：数据来源于中国证券业协会，金额单位为亿元。

（3）我国投行并购财务顾问业务收入情况

从图3－4可以看出，自2009年以来，我国券商投行财务顾问业务收入逐年递增，并且增幅较大：2009年我国投行财务顾问业务收入全年仅6.71亿元；而在2014年，我国投行财务顾问业务收入已达到69.19亿元，六年时间增长了十倍。特别是在2012年，该收入比2011年翻了3倍。同样可以从图3－3看出，在同一阶段内（2009－2014），我国的企业并购规模从9000亿元左右增加到17000亿元左右，增长幅度仅接近2倍，远远低于并购财务顾问业务收入的增长幅度。这说明，我国券商投行财务顾问业务收入的巨大变化不仅仅是由于我国公司并购数量的增加，也因为《国务院关于促进企业兼并重组的意见》和《国务院关于进一步优化企业兼并重组市场环境的意见》中不断重申要坚持并购市场化改革，市场化的并购更需要投行作为财务顾问参与其中，公司也越来越重视财务顾问在并购中的作用。

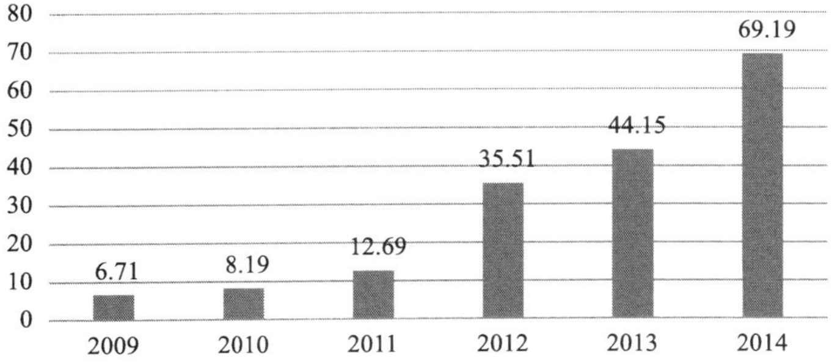

图3－4 2009－2014年我国投行财务顾问业务收入变化

注：数据来源于中国证券业协会，单位为亿元。

3.3 小结

本章梳理了与我国并购和财务顾问有关的法律制度背景以及历史发展状况。从以上分析可以发现，自改革开放以来三十余载的发展壮大，我国企业并购规模已不可同日而语，与公司并购相关的法律制度也较为完善和健全。特别是近年来政府部门相继出台了一系列政策促进并购重组发展，我国企业并购交易量和交易金额不断创出新高。然而，我国并购财务顾问制度的建立却相对较晚，亦不尽完善。近年来，随着公司愈发重视财务顾问在并购中发挥的作用，同时，由于财务顾问业务收入金额逐年增加，投行也开始越来越重视上市公司并购财务顾问业务。而国外投行参与上市公司并购已有百年历史，并且并购财务顾问收入通常占据投行全部收入的1/3，因此国外已有大量文献展开了对并购财务顾问的实证研究。而我国并购财务顾问的发展还处于萌芽期，学术界对相关领域的实证研究十分欠缺，随着近年来越来越多的上市公司聘请投行作为财务顾问参与并购，我国的学术界也应对该领域进行深入研究。因此，本书将在我国的现实背景下，从投行－公司间关系的视角，研究上市公司选择并购财务顾问的动因和经济后果。

第4章

投行 - 公司间关系与并购财务顾问选择

4.1　引言

“关系”与金融的交叉研究近年来也已成为学术界研究的一个热点话题。“关系”广泛地存在于金融市场当中，投资银行和分析师之间的关系（Dugar and Nath，1995；Lin and McNichols，1998），风险资本之间的关系（Bygrave，1988；Hochberg et al.，2007），投资银行或银行与公司间的关系（Ljungqvist et al，2006；Fernando et al.，2012；Chen et al. 2013；潘越和戴亦一，2013），投资银行相互间的同行关系（Chuluun，2015），公司与公司董事会高管间的关系（Cai and Sevilir，2012；Ishii and Xuan，2014）等。除正式制度外，“关系”等非正式制度同样会对公司和个人的决策制定及整个金融市场产生很大影响（Uzzi，

1999；Stiglitz，2000）。并购作为公司最重要的投资决策和战略决策之一，也会受到各种不同“关系”的影响。公司间董事高管之间的关系（Cai and Sevilir，2012；陈仕华等，2013；Ishii and Xuan，2014）、公司高管与政府的联结关系（潘红波等，2008）以及公司与风险资本间的关系（Gompers and Xuan，2009）可能会降低公司间信息不对称程度，也可能引发不同参与者之间的利益冲突，从而影响公司并购的交易过程以及经济后果。

除了以上几种关系，投行－公司间的关系也可能会对公司并购产生很大影响。已有文献证明，投行－公司间关系有利于投行获得之后的IPO、SEO承销业务和贷款业务，降低以后的承销费用和贷款成本（Drucker and Puri，2005；Ljungqvist et al，2006；潘越和戴亦一，2013），也会影响公司股东价值（Fernando et al.，2012）。并购不仅是公司的重大投资、战略决策，也涉及并购双方的复杂交易。因此，公司在并购中可能会聘请投行作为财务顾问参与并购交易，对收购方案所涉及的收购价格、收购方式、支付安排等事项提出对策建议，并与目标方进行谈判，撮合交易（Bowers and Miller，1990；Kale et al.，2003）。那么，公司选择不同投行作为并购财务顾问的动因究竟是什么？现有文献主要从投行的声誉（Rau，2000；Chang et al.，2011；Derrien and Dessaint，2015）、业绩（Sibilkov and McConnell，2014）等角度展开分析，却鲜有文献从投行－公司间关系的角度研究公司选择财务顾问的动因。

我国证监会于2008年颁布了《上市公司并购重组财务顾问业务管理办法》，其中明确指出我国并购财务顾问[①]的业务许可

① 财务顾问主要是指公司在并购中聘请的专业机构。根据《上市公司并购重组财务顾问业务管理办法》，在我国只有达到一定标准且经中国证监会核准具有上市公司并购重组财务顾问业务资格的证券公司才可以担任公司并购财务顾问。本书中所提到的财务顾问，均指公司在并购中所聘请的财务顾问。

条件以及业务规则，强调财务顾问在上市公司并购中的重要性。并且，国务院 2014 年也印发了《关于进一步促进资本市场健康发展的若干意见》，提出要促进兼并重组更加市场化。通常在并购重组市场化程度高的国家，投行在并购交易中都相当活跃并且发挥着重要作用（Golubov et al.，2012）。近年来，我国上市公司也越来越重视财务顾问在公司并购中的作用。自 2009 年以来，我国上市公司在并购中聘请财务顾问的数量和比例都在逐年上升。2009 年，我国仅大约 5% 的上市公司在并购中聘请了财务顾问，共 26 次；到了 2014 年，已有近 32% 的上市公司在并购中聘请了财务顾问，共 315 次①。此外，我国的关系文化和关系社会资本显现出强联带性、功能复用性、频发义务性等特征（边燕杰和张磊，2013），是一个典型的关系型社会（陆铭和李爽，2008）。那么，投行 - 公司间关系对我国上市公司在并购中选择财务顾问有何影响？投行 - 公司间关系是否有助于提升投行在并购财务顾问业务领域的竞争力？以往的研究并无就上述问题给出系统的解释。

为此，本书以我国 A 股上市公司 2009 - 2014 年聘请了财务顾问的并购事件为样本，探讨投行 - 公司间关系对公司选择并购财务顾问的影响及对并购绩效的影响。研究发现：与没有“关系”的投行相比，有“关系”的投行被选择作为该公司并购财务顾问的概率会增加 23.8%；并且“关系”越紧密，被选中的概率越大；在采用条件 logit 模型、双重聚类等一系列稳健性检验后，结论依然成立。进一步分析表明：（1）不管投行与公司以前通过何种业务建立起关系，这一关系都对投行是否被公司选为并购财务顾问有显著影响。然而，通过并购业务建立起的

① 数据来源于国泰安中国上市公司并购重组研究数据库。

"直接关系"比承销业务建立起的"间接关系"发挥了更大的作用；（2）投行声誉越低，"关系"发挥的作用越大，即"关系"与"声誉"之间存在替代效应。这些实证结果说明，作为投行拥有的一种专用资产，"关系"能提高投行开展并购财务顾问业务的竞争力。

本章的主要贡献在于：第一，本章拓展了"关系"与金融领域的交叉研究。有关投行-公司间关系在金融市场中的作用的文献，大多数认为"关系"有利于投行获得之后的IPO、SEO承销业务以及借贷业务（Drucker and Puri，2005；Ljungqvist et al.，2006；Bharath，2007；潘越和戴亦一，2013；Chen et al.，2013），较少涉及投行并购财务顾问业务领域。本章分析了"关系"在并购领域对投行和公司的影响，提供了"关系"在金融市场中发挥作用的新证据。第二，丰富了公司并购中金融中介的相关文献。在公司选择不同并购财务顾问的相关研究中，大多数文献关注其经济后果（Bowers and Miller，1990；Kale et al.，2003；Bao and Edmans，2011；Golubov et al.，2012；Wang et al.，2014），而研究选择动因的文献相对较少。即使是研究动因的文献也主要从投行的声誉（Rau，2000），业绩（Sibilkov and McConnell，2014）等角度分析公司选择财务顾问的动因。而本章从投行-公司间关系的角度来研究财务顾问选择的动因，这是与以往文献较为主要的区别。第三，以往文献认为公司主要基于投行的声誉选择财务顾问，而本章则进一步考察了"关系"和声誉之间究竟是互补还是替代，并且对"关系"进行分类，进一步深化和补充了该领域的研究。

4.2　文献回顾与假设提出

4.2.1　文献回顾

（1）“关系”在金融市场中的作用

大量文献研究表明，除正式制度外，“关系”等非正式制度同样会对公司及个人的决策制定及整个金融市场产生很大影响（Ishii and Xuan，2014；Stiglitz，2000；Uzzi，1999）。与正式制度不同，“关系”作为一种非正式制度，不依赖于正式合同或者明文规定来维系（万良勇、郑小玲，2014）。

Bygrave（1988）研究发现，“关系”可以为风险资本（VC）提供有价值的信息及资源，帮助其在风险不确定的情况下做出更好的投资决策，当风险资本面临的不确定性越大时，风险资本越倾向于与其他风险资本联合投资。Hochberg et al.（2007）的研究表明，如果风险资本（VC）投资的企业拥有优越的关系网络位置，会取得更好的绩效，也就是说在未来成功退出被投资企业（采用上市或者出售给他人）的概率会显著增加，并且获得下一轮融资的可能性也会增加。

上述文献主要研究“关系”在风险资本（VC）投资中的重要作用。其次，国外学者分别基于公司或银行视角，研究了“关系”对借贷行为的影响。Petersen and Rajan（1994）基于公司视角，研究发现当上市公司与银行之间存在借贷关系，公司未来获得贷款的可能性更大，并且贷款利率更低，所需的贷款抵押也更少。进一步，在政策紧缩时期，与银行存在借贷关系的公司倾向于增加短期借款而非持有更多的现金（Lu et al.，2012）。

Bharath et al.（2007）、Chen et al.（2013）则基于银行角度进行分析，研究发现有关系的银行比没关系的银行具有更大的信息优势，从而增加了有关系的银行获得未来借款业务的机会，但是对于银行获得未来承销业务的影响却很小。

除此之外，投行（或银行）① 也会通过 IPO、SEO 等承销业务与公司建立起"关系"，并且这种"关系"对投行（或银行）获得后续业务中发挥了重要作用。James（1992）认为，在 IPO 公司与投行之间存在专用性关系资产（relationship - specific asset），即在公司 IPO 后，投行如果仍担任同一家公司的承销商，那么该公司 IPO 的承销费用会显著低于其他公司的承销费用，这是建立专用型关系资产的成本体现。Fernando et al.（2012）发现用雷曼兄弟破产这一事件检验了投行与公司间的关系是否影响公司价值，结果发现由雷曼兄弟担任过 IPO 或 SEO 承销商的公司，其股票价格在在雷曼兄弟破产前后的下跌幅度显著大于其他公司。同样，从投行的角度来看，现有文献同样发现"关系"会提高该投行获得未来承销业务的概率（Chen et al.，2013；Ljungqvist et al.，2006；潘越和戴亦一，2013）。

上述文献对风险资本、银行与公司、投行与公司间的关系进行了研究，而"关系"与公司并购的相关文献主要关注收购方与目标方董事会及高管间的关系对公司并购绩效（Cai and Sevilir，2012；Ishii and Xuan，2014），以及公司被选为并购目标概率的

① 美国自从 1999 年 11 月国会通过《金融服务现代化法案》（Financial Services Modernization Act），亦称《格雷姆 - 里奇 - 比利雷法案》（Gramm - Leach - Bliley Act），其金融业实现了从分业经营到混业经营的转变，商业银行可以提供承销服务，投资银行也可以提供贷款服务，因此美国的研究中存在为公司提供 IPO 或 SEO 承销服务的银行样本，然而我国金融业仍然处于分业经营的阶段，商业银行不可以为公司承销公开发行的股票。

影响（陈仕华等，2013；韩洁等，2014）。Cai and Sevilir（2012）发现当收购方和目标方的董事会有“关系”时，收购方获得了更高的宣告收益。与之相反，Ishii and Xuan（2014）的研究却表明当两个公司间的董事和高管有“关系”时，公司并购绩效会更差。陈仕华等（2013）、韩洁等（2012）均研究发现当并购方与目标方之间存在连锁董事关系时，目标方更可能成为并购目标公司。除此，Gompers and Xuan（2009）研究发现当目标方和收购方的融资都来自相同的风险资本时，显著提高了并购发生的概率及采取股权支付方式的可能性，且获得了更高的宣告收益。

（2）公司选择并购财务顾问的动因

有关公司选择并购财务顾问的动因的研究文献，主要关注公司会根据投行的哪些特征来选择并购财务顾问。

有关于公司如何选择并购财务顾问的问题，现有文献主要从投行的声誉、行业经验、以往业绩等角度进行研究。Rau（2000）将或有收费作为衡量投行声誉的替代指标，发现投行的声誉与投行并购业务的市场份额显著正相关，说明投行声誉是影响公司选择并购财务顾问的重要因素。Sibilkov and McConnell（2014）发现客户的市场表现是投行被选择作为收购方的财务顾问以及投行并购财务顾问业务所占市场份额的一个重要的决定因素，也就是说收购方在选择财务顾问时会考虑投行以前的业绩，市场力量使得财务顾问和客户的利益在收购市场紧密联系在一起。Chang et al.（2014）发现当投行具备收购方需要的行业经验时，会增加其被选择作为并购财务顾问的概率。由于投行的声誉是影响公司选择并购财务顾问的重要因素，即投行的声誉会影响其开展财务顾问业务的竞争力，那么投行有动机来努力提高自己的声誉。Derrien and Dessaint（2015）的研究表明投行会通过售卖公允意见及降低收费等手段来操纵投行榜排名，进而提高自身竞争力。

综上所述，已有关于财务顾问选择动因的较少，这几篇文献主要从投行的声誉、业绩的角度展开分析，未从投行－公司间关系的角度进行研究。为此，本书基于我国的“关系”型社会背景，从“关系”的角度来研究公司在并购中选择财务顾问的动因。

4.2.2 假设提出

社会学的同质性理论指出，人更倾向于和他们熟悉的人交往，并且也更容易被他们熟悉的人影响（Mcpherson et al，2001）。大量证据表明，熟悉偏差的存在会导致人们保持现有状态或是选择熟悉的事物（Saegert et al. 1973；Samuelson and Zeckhauser，1988）。对上市公司而言，如果公司在并购前与投行之间曾经有过业务往来，已建立了合作关系，彼此之间也会更为熟悉和了解，上市公司出于熟悉偏差会选择曾经合作过的投行。其次，公司在选择财务顾问的过程中，会面临信息不对称带来的风险。当有多家投行可供选择时，相对于以前没有业务往来、较为陌生的投行，公司选择与其已有合作关系、较为了解的投行作为财务顾问，能够降低信息不对称带来的风险。最后，公司在选择新的投行时，还存在转换成本（Burch et al.，2005；Ellis et al.，2011）。Burch et al.（2005）提出了转换成本的概念，他们认为公司在IPO和SEO时投行必须首先对公司进行深入的尽职调查，从而形成了一种关系型资产。转换成本就是为获取这种资产所需要付出的成本，这种成本的存在会阻止公司更换新的投行，由此公司与投行之间便形成了一种“锁定”效应，即公司更倾向于选择熟悉的投行。

对于投行而言，当多家投行同时竞争同一并购业务时，除了自身声誉以外，以前与公司建立起来的业务关系也能发挥一定作用。“关系”是网络成员拥有的专用资产，可以提高其自身价值（Geletkanycz et al.，2001；Engelberg et al.，2013；Larcker et al.，2013）。Ljungqvist et al.（2006）研究发现上市公司在选择 SEO 的发行承销商时，很大程度上取决于其与承销商之间的良好“关系”：如果该投行是其 IPO 的承销商，或者在 SEO 前与公司存在借贷关系，那么这一投行得到该公司 SEO 承销业务的概率要大得多。但是该种关系的建立是有成本的，不能轻易转移到无成本或者低成本的网络关系外的成员中。James（1992）认为，在 IPO 公司与投行之间存在着专用性关系资产（relationship - specific assets）。因此，与投行有后续承销业务时，IPO 的收费要显著低于那些没有后续承销的投行收费，这是建立专用性关系资产的成本体现。当投行付出成本来获取这样一种关系资产时，理所当然会在竞争中利用其为自己的利益服务，以增加自身在并购业务竞争中胜出的概率。此外，如果投行在以前为公司提供承销或并购服务时，搜集的公司信息具有持续性，那么投行与该公司再次合作将会产生规模经济效应，有利于投行完成此次并购业务（Chen et al.，2013）。综上所述，本书提出如下假设：

H1a：其他条件相同的情况下，投行与上市公司有“关系”时，被选择作为该公司并购财务顾问的概率更大。

H1b：其他条件相同的情况下，投行与上市公司的“关系”越紧密，被选择作为该公司并购财务顾问的概率越大。

投行通过 IPO、SEO 承销业务和并购业务与公司建立的关系，都可能会影响投行被公司选为并购财务顾问的可能性，但是不同关系的作用大小很可能不同。Bharath et al.（2007）发现与公司有借贷关系的银行比没借贷关系的银行具有更大的信息优势，因此这种关系增加银行获得未来借款业务的机会，但对于银行获得未来承销业务的影响却很小。而 Chen et al.（2013）的研究表明与公司有 IPO 承销关系的银行未来更容易获得该公司的贷款业务。也就是说不同类型的投行 - 公司间关系可能对投行在不同业务领域的竞争力影响不同。

IPO、SEO 承销业务和并购业务通常由投行中不同的部门或团队负责，因此本书将投行通过 IPO、SEO 承销业务与公司建立的关系视为间接关系，将投行通过并购业务与公司建立的关系视为直接关系。首先，对于同一家投行而言，虽然承销业务和并购业务通常分别由不同的部门或团队开展相关业务（Drucker et al.，2005），但不同部门或团队间的客户信息可以实现共享，进而减少监督成本；甚至在一些小规模的投行中，承销业务和并购业务由同一团队负责。由此可以推断，无论是间接关系还是直接关系，都能显著提高投行被客户公司选为并购财务顾问的概率。其次，与间接关系相比，通过并购业务建立的关系更直接，这类似于 Granovetter（1973）提出的“朋友”和“朋友的朋友”的区别。并购部门要通过承销部门获得并购业务，相当于取得“朋友的朋友”的关系，比维持自己的“朋友”关系更难。那么我们预期，从经济意义上来说，在并购业务中，投行通过并购业务建立的直接关系比承销业务建立起的间接关系发挥的作用更大。最后，公司发行新股和再融资时目的是为了获得资金，而公司发起一项并购通常出于战略发展的考虑，投行在完成这两类业务时，搜集的公司信息也会有所差异。因此，对于同一个客户公司而言，直接关系比间接关系更有利于降低投行与公司之间的信息不对称程度。综上所述，本书提出如下假设：

H2：与拥有间接关系的投行相比，与上市公司有直接关系的投行被选择作为该公司并购财务顾问的概率更大。

Fernando et al.（2005）认为投行和发行公司会相互选择，投行的声誉和发行公司的质量是互补的。Derrien and Dessaint（2015）发现投行的声誉是公司选择该投行作为财务顾问的一个重要因素。既然多数公司在选择并购财务顾问时都会重点考虑投行声誉（Rau，2000；Derrien and Dessaint，2015），很多公司在并购时选择财务顾问会更愿意选择高声誉的投行，低声誉的投行依靠自身能力和声誉等途径获得并购业务的机会更少，因此会更依赖“关系”获得并购业务。相反，对于高声誉的投行来说，声誉机制已经为其带来许多客户资源，对“关系”的依赖程度便会降低。并且，根据我国证券业协会公布的《证券公司从事上市公司并购重组财务顾问业务执业能力专业评价结果》，在具备并购重组财务顾问业务资格的投行中，大约有 13.8% 的 A 类投行，33.3% 的 B 类投行和 52.8% 的 C 类投行（A 类投行表明执业能力最强，B 类次之，C 类最次），这表明在我国低声誉的投行比高声誉的投行多，这也意味着在低声誉的投行中，其竞争更加激烈，也更需要依靠“关系”获得并购业务。综上所述，本书提出如下假设：

H3：投行 - 公司间“关系”与投行声誉对公司选择并购财务顾问存在替代效应，即在声誉越低的投行中，“关系”发挥的正向作用越大。

4.3　研究设计

4.3.1　样本选择与数据来源

本书选取 2009 - 2014 年 A 股所有上市并购事件作为初始样本[①]，根据研究需要，按如下标准对样本进行筛选：（1）上市公司作为收购方的样本；（2）剔除并购类型属于债务重组、资本分拆、资

① 选择 2009 年为样本起点，是由于我国证监会于 2008 年 6 月 3 日才颁布《上市公司并购重组财务顾问业务管理办法》。在这之后，投行的财务顾问业务许可条件以及业务规则才得到统一的规范。为了年度的完整性，本书从 2009 年开始选取样本。

产置换、股份回购、资产剥离的样本；（3）剔除交易金额小于500万元的样本（唐建新和陈冬，2010）；（4）剔除并购后收购方股权比例不足50%的样本（Golubov et al. 2012；Wang et al.，2014）；（5）将分次收购目标公司股权视为同一次并购事件（吴超鹏等，2008）；（6）剔除没有聘请并购财务顾问和并购财务顾问数据缺失的样本。通过以上步骤得到464家公司共519次并购事件样本。

然后，本书借鉴Chang et al.（2011），Chen et al.（2013），Hellmann et al.（2008）的做法，以这519次并购事件作为基础，使用投行－公司匹配分析法（bank－company pair analysis），对于每一次并购事件，将当年所有具备并购业务资格的投行作为选择对象进行一一匹配，删除公司和投行财务数据缺失的样本，最终得到39133个观测值。本书所使用的与投行相关的财务数据来自于中国证券业协会网站公布的投行财务报告，通过手工搜集获取。上市公司并购数据、IPO、SEO及其他财务数据均来源于CSMAR数据库。

4.3.2 实证模型和变量定义

（1）实证模型

借鉴Sibilkov and McConnell（2014）的研究，本书主要采用logit模型检验假设H1a及H1b。如模型（1）所示，该模型估计了投行被选择作为公司并购财务顾问的概率大小。根据假设H1a和H1b，Rela的系数α_1应显著为正。

$$Choice_{i,j} = \alpha_0 + \alpha_1 Rela_{i,j} + \sum \alpha_i Control_j + \varepsilon \tag{1}$$

为进一步研究“关系”与声誉之间的关系，本书设定模型（2）以考察“关系”和声誉对并购财务顾问选择的影响究竟呈互补还是替代效应。

$$Choice_{i,j} = \beta_0 + \beta_1 Rela_{i,j} + \beta_2 Rela_{i,j} \times Rep_j + \beta_3 Rep_j + \sum \beta_i Control_j + \mu \tag{2}$$

由于对每个公司匹配上备选投行以后同一时点同一公司在样本中会出现多次，以上情况会导致样本之间不独立，从而使得标准误被低估以及系数显著水平的被高估（Petersen，2009）。借鉴 Chen et al.（2013），Hellmann et al.（2008）的研究，采用经公司层面聚类调整的标准误使得回归结果更精确。其次，在二元选择模型中，回归系数的经济含义比较复杂，为了更直观地反映其经济含义，本书进一步估计了变量的边际效应（Greene，1993）。

（2）变量定义

①因变量。投行是否被选择（$Choice_{i,j}$）。以并购当年具备财务顾问业务资格的投行为选择对象，如果 j 投行被 i 公司选择作为该次并购的财务顾问，则赋值为 1，反之为 0。

②自变量。投行 - 公司间关系（$Rela_{i,j}$）。根据 Ljungqvist et al.（2006）；Fernando et al.（2012）；潘越和戴亦一（2013）；Chen et al.（2013），并且结合我国的实际情况，本书定义两个指标来衡量投行 - 公司间的关系[①]：第一，投行与公司间是否有关系（$Rela1_{i,j}$），即本次并购前，如果 j 投行是 i 上市公司的

① Ljungqvist et al.（2006）还考虑了银行的借贷关系和持股关系，本研究不予考虑是因为我国金融业法律制度背景与美国不同。第一，对于借贷关系，美国自从 1999 年 11 月国会通过《金融服务现代化法案》（Financial Services Modernization Act），亦称《格雷姆 - 里奇 - 比利雷法案》（Gramm - Leach - Bliley Act），其金融业实现了从分业经营到混业经营的转变，银行可以提供投行服务，投资银行也可以提供贷款服务，然而我国金融业仍然处于分业经营的阶段，商业银行不能为上市公司提供并购财务顾问服务，投资银行也不能为上市公司提供贷款服务，因此本研究中不考虑借贷关系。第二，对于持股关系，因为我国《上市公司并购重组财务顾问业务管理办法》对投行的独立性做出了要求，其中第十七条规定，如果存在以下情形，则投行不得担任上市公司的财务顾问：（1）持有或者通过协议、其他安排与他人共同持有上市公司股份达到或者超过 5%，或者选派代表担任上市公司董事；（2）上市公司持有或者通过协议、其他安排与他人共同持有财务顾问的股份达到或者超过 5%，或者选派代表担任财务顾问的董事。如果投行对公司持股比例小于 5%，并且没有相互担任董事，可以合理预期投行不会对上市公司的财务决策产生重大影响，反之亦然。因此本研究也不考虑持股关系。

IPO、SEO 的承销商，或者是 i 上市公司的并购财务顾问，则 $Rela1_{i,j}$取值为 1；否则取值为 0。第二，投行 - 公司间关系紧密程度 ($Rela2_{i,j}$)，即本次并购前 j 投行与 i 公司合作业务的次数，包括 IPO、SEO 和并购业务。进一步，本书将该“关系”分为间接关系 (Rela_ Indirect) 和直接关系 (Rela_ Direct)，间接关系是指投行和公司通过 IPO 或 SEO 承销业务建立的关系；直接关系是指通过并购业务建立的关系，考察到底是哪种关系发挥了作用，并且比较到底是直接关系作用更大还是间接关系作用更大。然后将间接关系 (Rela_ Indirect) 再分为通过 IPO 业务建立的间接关系 (Rela_ Indir_ IPO) 和 SEO 业务建立的间接关系 (Rela_ Indir_ SEO) 与直接关系分别进行对比。另外，由于在样本期间内投行之间发生过合并事件，本书参照 Ljungqvist et al. (2006); Chen et al. (2013)，认为合并后的投行会承续合并前的两个投行 - 公司间关系。

③控制变量。投行声誉 (Rep)。Kale et al. (2003) 以市场占有率作为投行声誉的衡量指标，Golubov et al. (2012) 以投行完成的交易额及交易数量是否排名前八作为高声誉的衡量指标。本书借鉴以上研究，以公司并购前一年完成并购交易金额排名前十的投行作为高声誉组，赋值为 1，排名低于前十的投行作为低声誉组，赋值为 0。①

另外，本书借鉴 Ljungqvist et al. (2006)，潘越和戴亦一 (2013)，Sibilkov and McConnell (2014) 等人的研究，选择投行的盈利能力 (IB_ Roa)，投行的成长性 (IB_ Growth)，投行的

① 稳健性检验中选取《证券公司从事上市公司并购重组财务顾问业务执业能力专业评价结果》作为投行声誉的度量指标，检验了我国并购重组财务顾问业务执业能力专业评价结果是否能反应投行的并购重组业务能力，当投行属于 A 类财务顾问时，则 Rep = 3；当投行属于 B 类财务顾问时，Rep = 2；当投行属于 C 类财务顾问时，Rep = 1。投行声誉越高，取值越高，结论不变。

财务风险（IB_ Lev），投行的规模（IB_ Size），年度虚拟变量（Year）作为控制变量。上述变量均选取并购事件发生前一年的数据，并且对连续变量在1%和99%百分位上进行了缩尾处理。变量定义参见表4-1。

表4-1　变量定义

变量名	变量定义
$Choice_{i,j}$	投行在某次并购中是否被选择，如果j投行在该次并购中被i公司选择，变量赋值为1，否则为0。
$Rela1_{i,j}$	投行与公司是否有关系，如果j投行曾经是i上市公司的IPO、SEO承销商或者并购财务顾问，该变量赋值为1，否则为0。
$Rela2_{i,j}$	投行与公司关系的紧密程度，j投行与i公司曾经合作的次数。
$Rela\_Direct_{i,j}$	直接关系。投行j和公司i通过并购业务建立的关系。
$Rela\_Indirect_{i,j}$	间接关系。投行j和公司i通过IPO或SEO承销业务建立的关系。
$Rela\_Indir\_IPO_{i,j}$	IPO间接关系。投行j和公司i通过IPO承销业务建立的关系。
$Rela\_Indir\_SEO_{i,j}$	SEO间接关系。投行j和公司i通过SEO承销业务建立的关系。
Rep	以公司并购前一年完成并购交易金额排名前十的投行作为高声誉组，赋值为1，排名低于前十的投行作为低声誉组，赋值为0。
IB_ Roa	投行的盈利能力。并购前一年投行的净利润除以总资产。
IB_ Lev	投行的财务风险。并购前一年投行的资产负债率。
IB_ Growth	投行的成长性。并购前一年投行营业收入的增长率。
IB_ Size	投行的规模。并购前一年投行总资产的自然对数。
Year	年度哑变量。当数据来自2009年时，Year1 =1，其余年份为0，其他变量依次类推。

4.4 实证结果

4.4.1 描述性统计

表4-2报告了本书主要变量的描述性统计结果。Choice的平均值和中位数分别为0.013和0，这表明，平均而言，每个投行被选为并购财务顾问的概率较小，也说明了投行在并购业务领域的竞争较为激烈。Rela1和Rela2的平均值为0.013和0.015，中位数也都为0，有“关系”的投行较少，表明“关系”对于投行来说是一种稀缺资源。Rep的平均值为0.322，中位数为0，即声誉低的投行所占例比较高，声誉高的投行占比较低。其他变量的分布也都在合理的范围内。

表4-2　　主要变量的描述性统计

变量	N	均值	中位数	方差	最小值	最大值
Choice	39133	0.013	0	0.113	0	1
Rela1	39133	0.013	0	0.112	0	1
Rela2	39133	0.015	0	0.135	0	4
Rep	39133	0.322	0	0.707	0	1
IB_ Roa	39133	0.015	0.019	0.026	-0.128	0.092
IB_ Lev	39133	0.588	0.631	0.194	0.019	0.862
IB_ Growth	39133	0.141	0.143	0.302	-0.328	0.680
IB_ Size	39133	13.880	13.910	1.334	9.313	17.120

4.4.2 单变量分析

在做回归分析之前，本书首先对假设H1做了初步的单变量分析。按照投行是否被公司选中作为并购财务顾问分为两组，对主要变量进行了组间的均值t检验，相关结果如表4－3所示。

表4－3　　单变量分析

变量	未被选择组	被选择的组	均值差异的T检验	
	均值	均值	差异	T值
Rela1	0.007	0.401	－0.394	－86.017***
Rela2	0.008	0.496	－0.488	－88.743***
Rep	0.114	0.881	－0.767	－21.194***
IB_ Roa	0.013	0.019	－0.006	－1.958**
IB_ Lev	0.589	0.563	0.026	2.929***
IB_ Growth	37.635	22.142	15.493	0.665
IB_ Size	13.875	14.655	－0.78	－13.305***

注：***、**、*分别表示在1%、5%、10%水平上显著。

从表4－3可以看出，在未被选择的一组中，Rela1和Rela2的均值为0.007和0.008，远小于这两个指标在被选择组中的均值(0.401和0.496)，且该差异在1%的统计水平上显著。说明在不考虑其他因素的情况下，当投行和公司有“关系”时，更容易被选择作为公司并购时的财务顾问，且“关系”越紧密，被选中的概率越大，符合H1a和H1b的假设预期。但是，单变量检验并没有控制其他因素对公司在并购中选择财务顾问的影响，从上表中可见，两组之间其他因素也存在显著差异：没有关系组的声誉(Rep）的均值为0.114，有关系组的均值为0.881，没有关系的投行声誉均值在1%水平上显著小于有关系的投行声誉均值；没有关系组的投行盈利能力（IB_ Roa）的均值为0.013，而有关系组的均值为0.019，均值差异也在5%的统计水平上显著；财务风险(IB_ Lev）在没有关系组的均值为0.589，在1%的水平上显著高于有关系组的均值0.563；没有关系的投行规模（IB_ Size）也在

1% 的水平上显著小于有关系的投行规模。因此，需要在回归分析中控制其他因素的影响，以得到更可信的结论。

4.4.3 回归分析

（1）“关系”与并购财务顾问选择

表 4－4 列（1）-（4）报告了通过估计模型（1）检验 H1a 的回归结果。列（1）显示“关系”（Rela1）的系数为 4.484，在 1% 的水平上显著，表明投行和上市公司有关系时，被上市聘请担任财务顾问的概率更大。列（2）加入声誉变量，Rela1 的系数为正，仍然在 1% 的水平上显著，说明在控制投行声誉的基础上，关系对于公司如何选择财务顾问仍然发挥了重要影响。列（3）加入其他控制变量，变量 Rela1 和 Choice 的关系仍在 1% 的水平显著正相关。并且，该系数的经济意义同样重大，通过估计 Rela1 变量的边际效应，本书发现与“没有关系”的投行相比，有“关系”的投行被聘请担任财务顾问的概率大 23.8%，支持 H1a。本书用 Rela2 作为“关系”紧密程度的衡量指标，检验假设 H1b。在（5）-（7）中，Rela2 的系数都在 1% 的水平上显著为正，说明投行与公司之前合作的次数越多，建立的关系越紧密，被选择的概率越大，支持 H1b。由此可见，“关系”是投行拥有的一种专用资产，有助于提升投行开展并购财务顾问业务的竞争力。

从控制变量来看，声誉指标（Rep）的系数为正，且均在 1% 的水平上显著。这一结果说明投行声誉越高，被聘请担任财务顾问的概率越大，与国外研究结论一致（Rau，2000；Derrien and Dessaint，2015），表明公司在选择财务顾问时，投行声誉也是重要影响因素。其他控制变量回归结果显示，投行的规模越大，财务风险越小，被选中的概率越大；而投行的成长性对投行是否被选择作为公司财务顾问的影响不大。

综上所述，在控制了其他因素的影响后，“关系”对提高该投行被公司选择作为财务顾问的概率有显著正向影响，即当投行和公司有关系时，投行被公司选择作为财务顾问的概率更大；并且“关系”越紧密，被选择的概率也越大。实证结果支持了假设 H1a 和 H1b。

表 4 - 4　　投行 - 公司间关系与财务顾问选择

变量	(1)	(2)	(3)	(4)	(5)	(6)	(7)	(8)
	估计系数	估计系数	估计系数	边际效应	估计系数	估计系数	估计系数	边际效应
常数项	-4.840***	-6.584***	-8.791***		-4.781***	-6.605***	-9.061***	
	(-126.473)	(-41.603)	(-13.238)		(-131.683)	(-40.961)	(-13.776)	
Rela1	4.484***	4.096***	3.974***	0.238***				
	(37.815)	(32.167)	(30.172)	(10.822)				
Rela2					3.895***	3.514***	3.388***	0.0[illegible]2***
					(25.844)	(23.400)	(22.501)	(17.430)
Rep		0.934***	0.757***	0.005***		0.969***	0.767***	0.005***
		(12.745)	(8.037)	(9.448)		(13.071)	(8.074)	(9.374)
IB_ Roa			-1.781*	-0.01*			-1.536	-0.004
			(-1.725)	(-1.771)			(-1.207)	(-0.590)
IB_ Lev			-1.723***	-0.011***			-1.891***	-0.011***
			(-4.925)	(-5.305)			(-5.385)	(-5.080)
IB_ Growth			-0.227	-0.001			-0.203	-0.001
			(-0.893)	(-0.832)			(-0.802)	(-0.810)
IB_ Size			0.252***	0.001***			0.279***	0.00[illegible]***
			(4.120)	(4.412)			(4.616)	(4.[illegible]50)
Year			控制				控制	
N	39133	39133	39133	39133	39133	39133	39133	39133
Pseudo R^2	0.221	0.258	0.264		0.212	0.251	0.258	

注：括号内为根据公司个体经过聚类调整后的 Z 值，***、**、* 分别表示在 1%、5%、10% 水平上显著。

（2）哪种关系发挥更大作用：直接关系与间接关系

表4－5和表4－6检验了直接关系与间接关系对公司选择并购财务顾问的影响。如表4－5模型（1）－模型（4）所示，当分别将直接关系（Rela_ Direct）和间接关系（Rela_ Indirect）放入模型中，这两个的系数都显著为正，且在1%的水平上显著，说明不管投行与公司以前是通过何种业务建立起的关系，都对投行是否被公司选为该次并购财务顾问有显著影响，进一步支持了假设H1a。除统计意义外，从各组的边际效应看来，其经济意义同样重大，有直接关系的投行被选中的概率提升了35.8%，有间接关系的投行被选中的概率只提升了22.2%，直接关系大于间接关系的边际效应。在模型（5）和模型（6）当中，把直接关系和间接关系放入同一模型中后，直接关系（Rela_ Direct）的边际效应大于间接关系（Rela_ Indirect）的边际效应分别为21.9%和20.8%。由此可以看出，并购业务建立起的直接关系比承销业务建立起的间接关系发挥了更大的作用。另外，从表4－6可以看出与表4－5类似的结果，无论是分别进入模型，还是同时放入模型，IPO间接关系（Rela_ Indir_ IPO）和SEO间接关系（Rela_ Indir_ SEO）比直接关系（Rela_ Direct）的边际效应都更小，即从经济意义上说，通过并购建立起的直接关系比IPO建立起的间接关系和SEO建立起的间接关系都大，实证结果支持了H2。

表4－5　　哪种关系发挥作用：直接关系和间接关系

变量	(1)	(2)	(3)	(4)	(5)	(6)
	估计系数	边际效应	估计系数	边际效应	估计系数	边际效应
常数项	－10.704***		－8.782***		－8.897***	
	(－18.394)		(－14.212)		(－14.120)	

续表

变量	(1)	(2)	(3)	(4)	(5)	(6)
	估计系数	边际效应	估计系数	边际效应	估计系数	边际效应
Rela_ Direct	4. 284 ***	0. 358 ***			3. 797 ***	0. 219 ***
	(13. 872)	(4. 981)			(10. 060)	(3. 343)
Rela_ Indirect			3. 848 ***	0. 222 ***	3. 760 ***	0. 208 ***
			(32. 430)	(10. 852)	(30. 832)	(10. 340)
Rep	0. 785 ***	0. 006 ***	0. 782 ***	0. 005 ***	0. 730 ***	0. 005 ***
	(10. 409)	(-11. 056)	(9. 888)	(10. 153)	(9. 103)	(9. 359)
IB_ Roa	-2. 385 **	-0. 019 **	-1. 549	-0. 010	-1. 717	-0. 011
	(-2. 312)	(-2. 329)	(-1. 514)	(-1. 523)	(-1. 599)	(-1. 600)
IB_ Lev	-2. 473 ***	-0. 020 ***	-1. 930 ***	-0. 013 ***	-1. 733 ***	-0. 011 ***
	(-7. 845)	(-8. 001)	(-5. 755)	(-5. 747)	(-5. 062)	(-5. 062)
IB_ Growth	-0. 397 *	-0. 003 *	-0. 237	-0. 002	-0. 245	-0. 002
	(-1. 815)	(-1. 732)	(-1. 030)	(-1. 032)	(-1. 050)	(-1. 051)
IB_ Size	0. 439 ***	0. 004 ***	0. 261 ***	0. 002 ***	0. 265 ***	0. 002 ***
	(8. 647)	(-8. 887)	(4. 766)	(4. 783)	(4. 761)	(4. 767)
Year	控制	控制	控制	控制	控制	控制
N	39133	39133	39133	39133	39133	39133
Pseudo R^2	0. 127		0. 243		0. 259	

注：括号内为根据公司个体经过聚类调整后的 Z 值，***、**、* 分别表示在 1%、5%、10% 水平上显著。

表 4 - 6　　哪种关系发挥了作用：间接关系的进一步分类

变量	(1)	(2)	(3)	(4)	(5)	(6)	(7)	(8)
	估计系数	边际效应	估计系数	边际效应	估计系数	边际效应	估计系数	边际效应
常数项	-6. 335 ***		-6. 534 ***		-7. 565 ***		-8. 945 ***	
	(-8. 688)		(-8. 847)		(-10. 467)		(-14. 213)	

续表

变量	(1)	(2)	(3)	(4)	(5)	(6)	(7)	(8)
	估计系数	边际效应	估计系数	边际效应	估计系数	边际效应	估计系数	边际效应
Rela_Direct	4.284***	0.358***					3.835***	0.223***
	(13.872)	(4.981)					(21.726)	(3.036)
Rela_Indir_IPO			3.377***	0.167***			3.334***	0.146***
			(23.236)	(7.988)			(21.299)	(6.223)
Rela_Indir_SEO					3.967***	0.270***	3.727***	0.207***
					(−24.066)	(−8.233)	(9.993)	(6.189)
Rep	0.785***	0.006***	0.843***	0.006***	0.803***	0.005***	0.762***	0.005***
	(10.409)	(11.056)	(11.016)	(11.613)	(−10.457)	(−11.041)	(9.478)	(9.367)
IB_Roa	−2.385**	−0.019**	−1.989**	−0.015**	−1.539	−0.011	−1.644	−0.011
	(−2.312)	(−2.329)	(−1.966)	(−2.014)	(−1.499)	(−1.529)	(−1.537)	(−1.376)
IB_Lev	−2.473***	−0.020***	−2.413***	−0.018***	−2.370***	−0.018***	−1.822***	−0.012***
	(−7.845)	(−8.001)	(−7.593)	(−7.837)	(−7.337)	(−7.543)	(−5.337)	(−5.382)
IB_Growth	−0.397*	−0.003*	−0.222	−0.001	−0.436*	−0.003*	−0.249	−0.002
	(−1.815)	(−1.732)	(−1.008)	(−0.931)	(−1.950)	(−1.861)	(−1.070)	(−0.988)
IB_Size	0.439***	0.004***	0.348***	0.002***	0.362***	0.003***	0.269***	0.002***
	(8.647)	(8.887)	(6.701)	(7.041)	(−6.892)	(−7.193)	(4.839)	(4.488)
Year	控制	控制	控制	控制	控制	控制	控制	控制
N	39133	39133	39133	39133	39133	39133	39133	39133
Pseudo R^2	0.127		0.212		0.176		0.258	

注：括号内为根据公司个体经过聚类调整后的 Z 值，***、**、* 分别表示在 1%、5%、10% 水平上显著。

(3) 声誉与“关系”：替代还是互补？

本书进一步样本分为高声誉组和低声誉组，分别用模型（1）进行回归，回归结果如表 4－7 中列（1）－列（3）所示，

Rela1 的系数都在 1% 的水平上显著为正，说明“关系”在高声誉和低声誉的投行中都发挥了显著的作用；然而，在高声誉组的投行中，Rela1 的系数为 3.573，在低声誉组的投行中，该系数为4.358。第（3）列采用模型（2）对全样本进行回归发现，交互项 Rela * Rep 的系数显著为负，说明投行声誉越低，“关系”发挥的作用越大，低声誉的投行更加“依赖”关系获得并购财务顾问业务。同样，对于 Rela2 这一指标来说，实证结果相似。上述结果与我们的预期一致，即投行声誉越低，“关系”发挥的作用越大，“关系”与声誉之间存在替代效应，支持假设 H3。

表 4 - 7 投行声誉与关系的替代作用

变量	(1) 高声誉组	(2) 低声誉组	(3) 全样本	(4) 高声誉组	(5) 低声誉组	(6) 全样本
常数项	1.139 (0.482)	-7.036*** (-4.557)	-10.716*** (-11.889)	0.160 (0.068)	-7.180*** (-4.403)	-10.843*** (-11.746)
Rela1	3.573*** (19.126)	4.358*** (26.789)	4.412*** (27.613)			
Rela2				3.079*** (14.209)	3.715*** (17.993)	3.770*** (18.175)
Rela * Rep			-0.846*** (-3.492)			-0.694** (-2.342)
Rep			0.219 (1.075)			0.186 (0.932)
IB_ Roa	4.047 (0.390)	-4.096*** (-2.999)	-3.152** (-2.439)	6.086 (0.606)	-3.714** (-2.172)	-2.757* (-1.668)
IB_ Lev	0.664 (0.467)	-3.478*** (-7.967)	-2.621*** (-7.007)	0.455 (0.323)	-3.614*** (-8.231)	-2.798*** (-7.271)

续表

变量	(1) 高声誉组	(2) 低声誉组	(3) 全样本	(4) 高声誉组	(5) 低声誉组	(6) 全样本
IB_ Growth	-1.446** (-2.047)	-0.480* (-1.711)	-0.534** (-2.116)	-1.481** (-2.010)	-0.480* (-1.708)	-0.522** (-2.060)
IB_ Size	0.457** (2.414)	0.684*** (7.630)	0.526*** (7.056)	0.473** (2.499)	0.700*** (7.797)	0.546*** (7.168)
Year	控制	控制	控制	控制	控制	控制
N	5190	33943	39133	5190	33943	39133
Pseudo R^2	0.237	0.225	0.250	0.234	0.216	0.243

注：括号内为根据公司个体经过聚类调整后的 Z 值，***、**、* 分别表示在 1%、5%、10% 水平上显著。

4.5 稳健性检验

4.5.1 关于选择性偏差

（1）采用条件 Logit 模型回归和固定效应线性概率模型

由于公司在并购时选择哪家投行作为财务顾问可能本来就有固定倾向，存在选择性偏差，本书借鉴 Chen et al.（2013），Hellmann et al.（2008）的方法，采用条件 Logit 模型和加入公司固定效应的线性概率模型去除公司的平均效应。条件 Logit 模型的回归结果如表 4-8 的列（1）和列（2）所示，Rela1 和 Rela2 的系数仍然在 1% 的水平上显著为正。说明在进一步控制了每一个公司的选择倾向后，“关系”仍然显著提高了投行被公司选择作为财务顾问的概率。线性概率模型的回归结果如列（3）和列

（4）所示，在加入公司的固定效应以后，也就是说将公司个体特征控制住以后，Rela1 和 Rela2 的系数仍然在 1% 的水平上显著为正，与前文的研究结论一致。

表 4－8　　条件 Logit 模型和固定效应线性概率模型

变量	(1)	(2)	(3)	(4)
	条件 Logit 模型		线性概率模型	
常数项			−0.033***	−0.034***
			(−3.851)	(−4.072)
Rela1	3.823***		0.398***	
	(31.236)		(18.313)	
Rela2		3.347***		0.339***
		(24.745)		(20.503)
Rep	0.779***	0.777***	0.009***	0.009***
	(8.262)	(8.328)	(7.785)	(7.788)
IB_ Roa	−1.710*	−1.455	−0.009	−0.008
	(−1.697)	(−1.197)	(−0.544)	(−0.471)
IB_ Lev	−1.630***	−1.755***	−0.021***	−0.021***
	(−4.789)	(−5.147)	(−5.032)	(−5.150)
IB_ Growth	−0.232	−0.210	−0.003	−0.003
	(−0.915)	(−0.828)	(−1.519)	(−1.435)
IB_ Size	0.233***	0.260***	0.003***	0.003***
	(3.883)	(4.432)	(3.644)	(3.938)
Year	控制	控制	控制	控制
Firm fix effect	模型内设	模型内设	控制	控制
N	38304	38304	39133	39133
Pseudo R^2	0.313	0.311	0.166	0.174

注：括号内为根据公司个体经过聚类调整后的 Z 值，***、**、* 分别表示在 1%、5%、10% 水平上显著。

（2）采用偏差更小的子样本进行回归

第一，投行未被选择作为财务顾问，可能并不是因为投行与公司之间没有关系，而是投行自身对财务顾问业务不重视。本书按照投行完成的并购交易量选出在并购财务顾问领域最活跃的十大投行，从结果上来看，这些投行得到了更多的并购财务顾问业务，而财务顾问业务给这些投行也带来了可观的收入，说明这十大投行对于并购财务顾问业务至少不会不重视。因此，仅以这十大投行为选择对象进行回归分析。结果如表 4－9 的列（1）和列（2）所示，Rela1 和 Rela2 的系数仍然在 1% 的水平上显著为正，说明对于那些在并购领域最积极的投行来说，“关系”仍然显著提高了该投行被公司选择作为财务顾问的概率。

第二，2012 年聘请了财务顾问的并购事件从增加到每年近 100 起左右，2013 年和 2014 年分别增加到 184 起和 315 起（见图 1－1），而之前每年仅有大约 20－30 起并购聘请了财务顾问，从时间序列上看，2012 年后财务顾问业务这块“蛋糕”越来越大，平均而言每个投行的财务顾问业务收入得到了大幅提升，那么财务顾问业务对于投行来说也就变得更加重要。因此，本书采用 2012 年－2014 年的样本重新进行回归分析，排除可能的样本选择性偏差。回归结果如表 4－9 的列（1）和列（2）所示，Rela1 和 Rela2 的系数仍然在 1% 的水平上显著为正，结论依然成立。

表 4－9　　控制选择性偏差后的回归结果

变量	(1)	(2)	(3)	(4)
	子样本：最活跃的十大投行		子样本：2012－2014 年	
常数项	－5.895 (－1.596)	－6.344 * (－1.716)	－9.121 *** (－12.814)	－9.395 *** (－13.256)
Rela1	3.558 *** (19.065)		4.044 *** (29.769)	

续表

变量	(1)	(2)	(3)	(4)
	子样本：最活跃的十大投行		子样本：2012-2014年	
Rela2		3.063*** (14.035)		3.400*** (21.392)
Rep	0.486*** (2.670)	0.463** (2.531)	0.721*** (7.237)	0.734*** (7.273)
IB_ Roa	-3.894 (-0.371)	-1.496 (-0.147)	-1.813 (-1.627)	-1.528 (-1.099)
IB_ Lev	-0.743 (-0.553)	-0.835 (-0.629)	-2.019*** (-5.534)	-2.189*** (-5.984)
IB_ Growth	-1.378** (-2.020)	-1.384** (-1.963)	-0.122 (-0.445)	-0.109 (-0.400)
IB_ Size	0.109 (0.517)	0.143 (0.665)	0.289*** (4.439)	0.316*** (4.898)
Year	控制	控制	控制	控制
N	5190	5190	35154	35154
Pseudo R^2	0.242	0.239	0.277	0.270

注：括号内为根据公司个体经过聚类调整后的Z值，***、**、*分别表示在1%、5%、10%水平上显著。

4.5.2　更换基本模型进行检验

二元选择的基本模型除了Logit模型还有Probit模型，前者假设随机变量服从逻辑概率分布，而后者假设随机变量服从正态分布。而这两种分布函数的公式很相似，函数值相差也并不大，所以很难区分一个变量到底服从哪种分布。因此，本书采用Probit模型重新进行了回归，结果如表4-10列（1）和列（2）所示，Rela1和Rela2的系数仍然在1%的水平上显著为正，结论依然成立。

表 4-10　　Probit 模型回归结果

变量	(1)	(2)
常数项	-4.242***	-4.304***
	(-16.144)	(-16.573)
Rela1	1.991***	
	(29.302)	
Rela2		1.685***
		(25.333)
Rep	0.296***	0.292***
	(7.988)	(8.013)
IB_ Roa	-0.734*	-0.676
	(-1.686)	(-1.427)
IB_ Lev	-0.777***	-0.809***
	(-5.560)	(-5.802)
IB_ Growth	-0.093	-0.084
	(-0.926)	(-0.847)
IB_ Size	0.123***	0.130***
	(5.127)	(5.492)
Year	控制	控制
N	39133	39133
Pseudo R^2	0.268	0.265

注：括号内为根据公司个体经过聚类调整后的 Z 值，***、**、* 分别表示在 1%、5%、10% 水平上显著。

4.5.3　更加稳健的标准误算法

面板数据模型还可能出现由于时间引起各变量不独立从而导致的异方差和自相关问题，因此，本书借鉴 Cameron et al.

（2011）的方法，控制年度固定效应，对模型（1）进行公司层面和年度层面的双重聚类调整，回归结果如表 4-11 中列（1）和列（2）所示，Rela1 和 Rela2 的系数仍然在 1% 的水平上显著为正，仍然支持前文的研究结论。

表 4-11　　更加稳健的标准误：双重聚类

变量	(1)	(2)
常数项	-8.791*** (-8.318)	-9.061*** (-8.323)
Rela1	3.974*** (13.650)	
Rela2		3.388*** (10.211)
Rep	0.757*** (6.715)	0.767*** (5.838)
IB_ Roa	-1.781 (-1.628)	-1.536 (-1.300)
IB_ Lev	-1.723*** (-3.808)	-1.891*** (-4.560)
IB_ Growth	-0.227 (-1.502)	-0.203 (-1.484)
IB_ Size	0.252** (2.409)	0.279** (2.562)
Year	控制	控制
N	39133	39133
Pseudo R^2	0.264	0.258

注：括号内为借鉴 Cameron et al.（2011）按公司和年度双重聚类调整后的 Z 值，***、**、* 分别表示在 1%、5%、10% 水平上显著。

4.5.4 更换变量定义

由于我国证券业协会公布了《证券公司从事上市公司并购重组财务顾问业务执业能力专业评价结果》，将财务顾问分为A、B、C类，A类为能力等级最高的一类投行，C类为能力等级最低的一类投行，其类别划分反映了财务顾问执业能力的相对水平。基于中国的这个实际情况，对于本书投行声誉的度量指标参照这一评价结果，当投行属于A类财务顾问时，对Rep赋值为3；当投行属于B类财务顾问时，对Rep赋值为2；当投行属于C类财务顾问时，对Rep赋值为1。投行声誉越高，取值越高。重新定义声誉指标并进行回归后的结果如表4-12所示，Rela1和Rela2的系数都显著为正，且在1%的水平上显著；交互项Rela * Rep也在1%水平上显著为负，说明在低声誉的投行中，“关系”更能显著提升投行被公司选为财务顾问的概率，与前文的结论一致。

表4-12　更换声誉的替代变量的回归结果

变量	(1)	(2)	(3)	(4)	(5)	(6)	(7)	(8)
	A类投行	B类投行	C类投行	全样本	A类投行	B类投行	C类投行	全样本
常数项	-2.676**	-8.829***	-12.585***	-8.958***	3.011***	3.719***	3.567***	4.334***
	(-2.054)	(-6.509)	(-6.553)	(-14.090)	(15.225)	(15.231)	(9.010)	(7.667)
Rela1	3.523***	4.217***	4.453***	5.310***				
	(19.071)	(21.125)	(14.332)	(13.537)				
Rela2					3.011***	3.719***	3.567***	4.334***
					(15.225)	(15.231)	(9.010)	(7.667)
Rela * Rep				-0.587***				-0.413*
				(-3.592)				(-1.849)

续表

变量	(1)	(2)	(3)	(4)	(5)	(6)	(7)	(8)
	A 类投行	B 类投行	C 类投行	全样本	A 类投行	B 类投行	C 类投行	全样本
Rep				0.905 *** (8.466)				0.855 *** (8.293)
IB_ Roa	-4.275 (-0.580)	-3.452 ** (-2.225)	-2.697 (-0.493)	-1.640 (-1.588)	-3.673 (-0.499)	-3.337 * (-1.801)	-3.686 (-0.723)	-1.438 (-1.123)
IB_ Lev	-2.069 *** (-3.072)	-1.565 ** (-2.346)	-2.826 *** (-2.851)	-1.754 *** (-5.190)	-2.135 *** (-3.099)	-1.702 ** (-2.534)	-3.111 *** (-3.113)	-1.919 *** (-5.569)
IB_ Growth	0.874 * (1.785)	-0.332 (-0.687)	-0.427 (-0.743)	-0.198 (-0.792)	0.779 (1.609)	-0.204 (-0.418)	-0.456 (-0.802)	-0.187 (-0.747)
IB_ Size	0.011 (0.108)	0.345 *** (3.410)	0.640 *** (3.676)	0.242 *** (4.045)	0.044 (0.436)	0.375 *** (3.591)	0.680 *** (3.883)	0.273 *** (4.586)
Year	控制	控制	控制	控制	控制	控制	控制	控制
N	5190	13972	19971	39133	5190	13972	19971	39133
Pseudo R^2	0.224	0.244	0.158	0.267	0.225	0.236	0.137	0.259

注：括号内为根据公司个体经过聚类调整后的 Z 值，***、**、* 分别表示在 1%、5%、10% 水平上显著。

4.6　结论

本章以我国 A 股上市公司 2009 - 2014 年间聘请了财务顾问的并购事件为样本，探讨投行 - 公司间关系对公司选择并购财务顾问的影响，并进一步分析对于不同类型的“关系”以及不同声誉等级的投行来说，这一作用是否有所差异；最后研究了投行 - 公司间关系对公司并购绩效的影响。研究发现：与没有

"关系"的投行相比，有"关系"的投行被聘请担任财务顾问的概率大23.8%；并且"关系"越紧密，被选中的概率越大；在采用条件logit模型、双重聚类等一系列稳健性检验后，结论依然成立。进一步分析表明：（1）不管投行与公司以前通过何种业务建立起关系，该关系均对投行是否被公司选为并购财务顾问有显著影响。然而，通过并购业务建立起的直接关系比承销业务建立起的间接关系发挥了更大的作用；（2）投行声誉越低，"关系"发挥的作用越大，即"关系"与"声誉"存在替代效应。这些实证结果说明，投行-公司间关系是投行拥有的一种专用资产，能够帮助投行提高自身开展财务顾问业务的竞争力。

本研究具有重要的理论意义和现实意义。从理论层面，本书从公司选择并购财务顾问这一独特视角出发，探讨投行-公司间关系在公司并购中发挥的作用，丰富了关于公司并购中金融中介的相关文献，同时也为"关系"与金融的交叉研究提供了新的研究视角。从现实层面，第一，政府部门在规范并购重组财务顾问业务活动时，可以鼓励公司与投行建立长期关系，同时对这种"关系"加强监管使其能够保持良性循环；第二，投行在我国上市公司并购中的参与程度越来越高，投行可以积极与公司建立长期关系，提升自身开展财务顾问业务的竞争力。

第5章 投行 – 公司间关系与并购经济后果

5.1　引言

前文的研究结论表明，从投行的角度，投行 – 公司间关系有利于提升其在并购财务顾问业务领域的竞争力；从公司的角度，公司在选择并购财务顾问时，投行 – 公司间关系是一个重要影响因素。那么同样对公司来说，基于“关系”选择了不同的并购财务顾问之后，是否会对并购产生不同的经济后果呢？

并购是公司最重要的投资、战略决策之一，在并购过程中会涉及收购方和目标方的谈判、协商，从本质上来讲也是一种复杂的交易行为。上市公司作为收购方在日常生产经营所积累的经验并不能满足并购所需要的专业技能，而投资银行作为专门从事并购活动的参与者，由于长期在资本市场中参与各种并购交易，因此与上市公司相比，具备更专业的人才和技能。那么上市公司在并购中常常需要聘请投行作为财务顾问，帮助公司对收购方案所涉及的收购价格、收购方式、支付安排等事项提出对策建议，并与目标方进行谈判，撮合交易（Bowers and Miller，1990；Kale et al.，2003）。我国证监会于2008年颁布了《上市公司并购重组财务顾问业务管理办法》，其中明确指出我国并购财务顾问的业务许可条件以及职责范围，强调财务顾问在上市公司并购中的重要性。并且，国务院分别于2010年和2014年下发了《国务院关于促进企业兼并重组的意见》及《国务院关于进一步优化企业兼并重组市场环境的意见》，不断重申要促进兼并重组更加市场化。通常在并购重组市场化程度高的国家，投行在并购交易中都相当活跃并且发挥着重要作用（Golubov et al.，2012）。我国上市公司虽然热衷于并购，但是在并购过程中却面临目标企业信息透明度低（Hoskisson et al.，2000）、财务报告可信度低等问题（Chapman et al.，2011），导致并购企业需承担更大的风险与成本。因此，在开展并购业务时，企业更需要聘请财务顾问，帮助公司分析并购所涉及的风险、评估并购目标价值、设计并购方案（孙铁和武常岐，2012）。

那么，公司在并购中聘请不同的财务顾问是否会带来不同的经济后果？国外文献主要从投行的声誉、能力、以前的行业并购经验等角度回答了以上问题（Bowers and Miller，1990；Kale et al.，2003；Bao and Edmans，2011；Golubov et al.，2012；Wang et al.，2014），研究结论差异很大：交易优越假说（superior deal hypothesis）提出投资银行能在并购中能利用自己的经验和专业技能帮助公司设计更好的收购方案、争取谈判优势，因此投行的声誉、能力、以前的行业并购经验等对并购绩效有着正向影响；

相反，交易完成假说（deal completion hypothesis）则认为投行在并购中的作用仅仅是跟随收购方的完成并购交易，对并购绩效没有显著影响（Rau，2000）①。更重要的是，鲜有文献从“关系”的角度研究公司选择不同财务顾问对并购经济后果产生的影响。

“关系”与金融的交叉研究是近年学术界研究的一个热点话题。“关系”广泛地存在于金融市场当中，比如投资银行和分析师之间的关系（Dugar and Nathan，1995；Lin and McNichols，1998），投资银行与上市公司间的关系（Ljungqvist et al，2006；Fernando et al.，2012；Chen et al. 2013；潘越和戴亦一，2013），投行相互间的同行关系（Chuluun，2015），公司与公司董事会高管间的关系（Cai and Sevilir，2012；Ishii and Xuan，2014）等。除正式制度外，“关系”等非正式制度同样会对公司和个人的决策制定及整个金融市场产生重大影响（Uzzi，1999；Stiglitz，2000）。并购作为公司最重要的投资决策和战略决策之一，也会受到各种不同“关系”的影响。公司间董事高管之间的关系（Cai and Sevilir，2012；陈仕华等，2013；Ishii and Xuan，2014）、公司高管与政府的联结关系（潘红波等，2008）以及公司与风险资本间的关系（Gompers and Xuan，2009）可能会降低不同主体间的信息不对称程度，也可能引发各主体间的利益冲突，从而影响公司并购的交易过程及经济后果。

除了以上几种关系，投行与公司通过业务合作会建立起一种长期关系，作为投行和公司拥有的一种专用性资产（James，1992）。已有文献证明，投行-公司间关系有利于投行获得之后

① Bowers and Miller（1990）、Kale et al.（2003）、Bao and Edmans（2011）、Golubov et al.（2012）、Wang et al.（2014）等学者的研究支持了交易优越假说；Rau（2000）、Hunter and Jagtiani（2003）、Dirk，Sigl-Grübb，Unverhauc（2008）的实证结果却支持了交易完成假说。

的 IPO、SEO 承销业务和贷款业务，降低以后的承销费用和贷款成本（Drucker and Puri，2005；Ljungqvist et al.，2006；潘越和戴亦一，2013），同样也会影响公司股东价值（Fernando et al.，2012）。前文的研究也表明，投行－公司间关系会影响公司选择不同的并购财务顾问，那么，公司基于“关系”选择了不同的财务顾问，是否影响公司并购的经济后果？

为回答上述问题，本书以我国 A 股上市公司 2009－2014 年聘请了财务顾问的并购事件为样本，研究投行－公司间关系是否影响公司并购的经济后果及其作用机制。研究发现：公司在并购中选择有“关系”的投行作为财务顾问，平均为公司增加了 1.3 亿元的股东价值，并且“关系”越紧密，公司价值增加越多；但是，对并购成功概率并没有显著影响。进一步分析表明，在信息不对称程度较高的情况下，有“关系”的财务顾问能显著提升公司并购绩效，对并购成功概率没有影响；而在信息不对称程度较低的情况下却相反，有“关系”的财务顾问提高了并购成功概率，但是没有显著提高公司并购绩效。在采用处理效应模型控制内生性问题以及通过其他稳健性检验后，结论依然成立。上述实证结果说明，“关系”作为公司和投行拥有的一种专用性资产，能帮助降低公司与投行之间的信息不对称程度，缓解投行和公司间的代理冲突，使得投行不仅以完成并购为主要目的，更注重并购为公司创造的价值。

区别于已有研究，本书的主要贡献是：第一，本书拓展了“关系”与金融领域的交叉研究。在现有研究中，“关系”与公司并购的相关文献主要从公司间董事高管之间的关系（Cai and Sevilir，2012；陈仕华等，2013；Ishii and Xuan，2014）、公司高管与政府的联结关系（潘红波等，2008）以及公司与风险资本间的关系（Gompers and Xuan，2009）等角度进行考察，鲜有文献从投行-公司关系的角度进行分析；而本书研究了投行-公司间关系是否会影响公司并购的经济后果及其作用机制，提供了“关系”在金融市场中发挥作用的新证据。第二，丰富了公司并购中金融中介作用的相关文献。对于财务顾问在公司并购中如何发挥作用，大多数研究较为关注投行的声誉、能力、行业并购经验等对公司并购产生的影响（Bowers and Miller，1990；Kale et al.，2003；Bao and Edmans，2011；Golubov et al.，2012；Wang et al.，2014），而忽视了投行-公司间关系在并购中发挥的作用，仅仅Allen et al.（2004）分析了与公司有借贷关系的银行作为并购财务顾问对并购绩效的影响；与美国的制度背景不同①，我国的商业银行并不能担任公司并购的财务顾问，意味着我国公司在并购中所聘请的财务顾问不会与公司存在借贷关系；因此，与Allen et al.（2004）不同，本书考虑的关系范畴为投行通过IPO，SEO及并购业务建立起的长期关系。第三，现有相关研究均基于西方发达的资本市场，而本书在我国证监会颁布《上市公司并购重组财务顾问业务管理办法》后，有效验证了关系型财务顾问在我国上市公司并购中发挥的作用，提供了来自新兴市场的经验证据。

本章剩余部分安排如下：第二部分是文献回顾与研究假设；第三部分是本章的研究设计；第四部分是本章的实证结果与分析；第五部分是稳健性检验；第六部分是本章小结。

---

① 美国自从1999年11月国会通过《金融服务现代化法案》（Financial Services Modernization Act），亦称《格雷姆-里奇-比利雷法案》（Gramm-Leach-Bliley Act），其金融业实现了从分业经营到混业经营的转变，银行可以提供承销服务，投资银行也可以提供贷款服务，然而我国金融业仍然处于分业经营的阶段，商业银行不能为上市公司提供并购财务顾问服务，投资银行也不能为上市公司提供贷款服务，因此并购财务顾问与公司通常不存在借贷关系。

5.2 文献回顾与研究假设

并购不仅是公司的重大投资和战略决策，也是一项涉及并购双方的复杂交易。因此，并购不能为公司创造价值至少有两方面原因：第一，来源于公司层面，例如收购方战略定位不当、管理层过度自信、并购双方文化冲突（Sirower，1997；Malmendier and Tate，2008；王艳和阚铄，2014）等；第二，来源于并购交易层面，比如超额支付价款、尽职调查不当、谈判失利等（Varaiya and Ferris 1987；Povel and Singh，2006；Aktas et al.，2010）。投行作为并购财务顾问主要在交易层面发挥作用：第一，投行可以帮助公司发现更有潜力的收购目标或者设计更好的收购方案，从而为并购创造更大的价值；第二，在并购过程中通过谈判为收购方争取更大的利益，即投行利用行业经验和专业技能在与目标方的谈判中尽量以最低的成本撮合交易成功（McLaughlin，1990；Kale et al.，2003；Wang et al.，2014）。

国外文献已证实投行的声誉和经验会影响并购经济后果，但是存在着两种相悖的观点：（1）交易优越假说。该假说认为，财务顾问在并购中可以降低信息不对称程度，减少并购的交易成本，创造并购协同效应；具体表现为，投资银行的声誉、能力、以前的行业并购经验等对企业并购绩效有显著影响。Bowers and Miller（1990）研究发现，不管对于收购公司还是目标公司而言，公司选择声誉高的投行能获得更高的并购超额收益。Kale et al.（2003）研究发现当收购方的财务顾问声誉高于被收购方的财务顾问时，能显著增加并购成功的概率，并且能降低价值损害型并购的发生概率。Golubov et al.（2012）也发现收购方聘请高声誉财务顾问能获得更高的并购收益，但这种效应只存在于公开收购中。Wang et al.（2014）则发现收购方聘请有经验的财务顾问在宣告期内有较高的股价异常回报。（2）交易完成假说。该假说认为，在公司并购中，投行仅仅关注交易是否最终成功，并购是否增加公司价值对投行来说并不重要；具体表现为投行在并购中仅仅是增加了并购成功的概率，而不会提升公司价值，例如投行为了能提高并购成功的概率可能会建议收购方给出一个较高的价格，即便这样的高溢价会损害股东价值，由此引发投行和公司间的代理冲突。Rau（2000）发现声誉高的投行并没有提高并购绩效，只是通过付出更高水平的并购溢价从而提高了并购成功的概率。Hunter and Jagtiani（2003）研究发现，高声誉投行参与的并购交易最终成功完成的可能性更大，并且耗费的时间也更短，然而获得的并购协同效应却较小。Schiereck et al.（2009）也发现由不同声誉的财务顾问完成的并购交易，其财富效应并没有显著差异。Ismail（2010）甚至发现对于收购方来说，由高声誉财务顾问完成的并购交易在并购宣告日损失了 4.2 亿美元的公司价值，而由低声誉投行完成的并购交易则获得了 1.35 亿美元的并购收益。

然而，除了拥有声誉、经验等资本外，投行还会与公司通过业务合作建立起一种关系型资本（James，1992）。Schenone（2004）发现，公司在 IPO 之前建立起的银行关系能显著降低由于信息不对称引起的 IPO 抑价程度。Ljungqvist 等（2006）研究发现，上市公司在选择 SEO 的发行承销商时，很大程度上取决于其与承销商之间的良好关系：如果该投行是其 IPO 的承销商，或者在 SEO 前与公司存在借贷关系，那么这一投行得到该公司未来的 SEO 承销业务的概率就要大得多；潘越和戴亦一（2C13）采用中国的数据进行研究也发现了同样的结果。Chen et al.

(2013) 发现当银行与公司有 IPO 承销关系时，即银行是公司的 IPO 承销商时，该银行未来为该公司提供贷款的概率更大，并且相比没有 IPO 承销关系的投行来说，贷款成本更低。Fernando et al. (2012) 用雷曼兄弟破产这一事件检验了投行-公司间关系是否为公司创造了价值，结论表明，雷曼兄弟宣告破产当天以及前后七天内，由雷曼兄弟担任承销商、并购财务顾问、做市商服务的公司在宣告日的平均超额收益为-5%，破产七天内损失总共达 230 亿美元。由此可见，投行-公司间关系对投行和公司双方都会创造一定的价值。“关系”是一种非正式的制度，它通常并不依赖于正式的合同或者明文规定来维系。除正式制度外，“关系”等非正式制度同样会对公司及个人的决策制定及整个金融市场产生很大影响（Uzzi，1999；Stiglitz，2000；Ishii and Xuan，2014）。“关系”可以为公司提供有价值的联系及资源（Bygrave，1988）。帮助企业寻找合适的客户和战略联盟合作伙伴（Hochberg et al.，2007），降低企业的融资成本（Chuluun et al.，2010；Chen et al.，2013）。在公司并购中，已有文献发现公司间董事高管之间的关系（Cai and Sevilir，2012；陈仕华等，2013；Ishii and Xuan，2014）、公司高管与政府的联结关系（潘红波等，2008）以及公司与风险资本间的关系（Gompers and Xuan，2009）都会对公司并购产生影响。那么，投行-公司间关系作为众多“关系”中的一种，可能会从并购绩效和并购成功概率两方面影响并购经济后果。

并购财务顾问假说中的交易完成假说所强调的投行机会主义行为通常只会发生在静态的单次博弈中。Rubbinstein（1979）、Radner（1981）提出的委托代理动态模型证明，如果委托人和代理人保持长期的关系，委托人可以相对准确地从观测到的变量中推断代理人的努力水平，代理人不可能用投机的办法提高自己的福利。Osborne and Rubinstein（1994）、张维迎（2012）也指出重复博弈能避免博弈双方的短期机会主义行为。当投行与公司建立起“关系”时，参与该公司未来业务的概率会更大（Ljungqvist et al.，2006），此时，投行预期与公司建立长期合作关系的可能性很大，就可能为了长期利益从而不仅仅以完成并购作为最重要的目的。Sibilkov and McConnell（2014）指出，收购方会在选择不同财务顾问时，会考虑财务顾问以前完成项目的绩效，促使财务顾问和客户的利益趋于一致。另外，投行与公司建立关系是需要付出成本的（James，1992），并且无论是建立还是维系这一关系都需要花费大量的时间和精力（Chuluun，2015），当投行付出成本并且和公司已经建立起这样一种关系，也不会轻易去破坏它。由此可见，当投行与公司建立起这种长期合作关系时，会有更大的动机去提高公司的并购绩效。

从信息不对称理论的角度来看，大多数文献认为，“关系”能降低双方的信息不对称程度（陈仕华等，2013；Ishii and Xuan，2014），而公司和投行间同样存在信息不对称。根据《上市公司收购管理办法》第七章规定，财务顾问在并购中的首要任务就是对收购方展开尽职调查。通常情况，搜集并购双方的有关信息会花费好几个月的时间，产生高额的搜索成本（Bruner，2004）。那么，当投行与公司有“关系”时，由于在以前的IPO、SEO或者并购中已经对公司进行尽职调查，已深入了解客户的基本情况，因此能降低信息搜集成本。其次，有关系的投行在完成上一次IPO、SEO或并购业务之后，会对公司进行持续督导，这种长期关系同样使得投行更加了解公司，进一步降低了公司和投行之间的信息不对称程度。在这种情况下，投行与客户之间更加信任，并且能更有效率地展开沟通合作（Chen et al.，2013），降低了合作成本。此外，财务顾问另一重大职责便是代表公司与目标方进行谈判，这一双边谈判对并购的经济后果有着重大影响，例如为公司争取更大份额的并购价值（Boone and Mulherin，2007；Povel and Singh，2006；Aktas et al.，2010）。在进行谈判的时候，如果目标公司不了解收购方的真实价值，目标公司可能会低估收购方的股票价值（Hansen，1987），要求更高的溢价水平，导致并购成本增加。由此可见，由于双方信息不对称程度更低，有“关系”的投行更有能力去提高公司并购绩效。综上所述，本书提出如下假设：

H1：其他条件相同的情况下，投行－公司间关系与并购绩效正相关。

如前所述，如果投行与公司没有关系，就可能符合基于静态单次博弈的“交易完成假说”，即投行仅仅关注交易是否最终成功，而对并购是否增加公司价值不关心（Rau，2000），甚至会为了能提高并购成功的概率而建议收购方给出一个较高的价格（Wang et al.，2014）。但在这种情况下，收购方不一定会同意股东价值受到损害，可能会否决这一收购方案。然而，当投行与公司已经有了合作基础，并建立起长期关系，投行就会倾向于考虑长期利益而放弃采取短期机会主义的行为。此时，投行就不是仅仅以完成并购为目标，而是更多地考虑并购给收购方股东带来的价值，会更符合“交易优越假说”，那么收购方的股东会更愿意接受这一并购方案。另一方面，有“关系”的投行与收购方的信息不对称程度更低，更了解收购方的真实情况，能帮助公司设计更好的并购方案。此时，收购方更有可能接受投行提出的并购交易方案，从而提高并购成功的概率。此外，当财务顾问代表收购方与目标方谈判时，也能在一定程度上避免由于目标方不了解收购方的真实价值导致谈判失败的情况。基于上述分析，有“关系”的财务顾问能提高并购成功的概率。综上，本书提出如下假设：

H2：其他条件相同的情况下，投行 - 公司间关系与并购成功概率正相关。

5.3　研究设计

5.3.1　样本选择与数据来源

本书选取我国 A 股上市公司首次宣告日在 2009 - 2014 年间的所有并购事件作为初始样本[①]，根据研究需要，按如下标准对样本进行筛选：（1）上市公司作为收购方的样本；（2）剔除并购类型属于债务重组、资本分拆、资产置换、股份回购、资产剥离的样本；（3）要求并购事件标的物为目标公司股权，以避免资产收购事件对研究的影响（王艳和阚铄，2014）；（4）剔除交易金额小于 500 万元的样本（唐建新和陈冬，2010）；（5）剔除并购后收购方持股比例不足 50% 的样本（Golubov et al. 2012, Wang et al. , 2014）；（6）将分次收购目标公司股权视为同一次并购事件（吴超鹏等，2008）；（7）剔除没有聘请并购财务顾问和并购财务顾问数据缺失的样本；（8）剔除上市公司财务数据、并购交易数据缺失、回报率数据缺失的样本。最终得到 424 个并购事件样本。

本书所使用的与投行相关的数据来自于中国证券业协会网站

① 选择 2009 年为样本起点，是由于我国证监会于 2008 年 6 月 3 日才颁布《上市公司并购重组财务顾问业务管理办法》。在这之后，投行的财务顾问业务许可条件以及业务规则才得到统一的规范。为了年度的完整性，本书从 2009 年开始选取样本。

公布的财务报告，通过手工搜集获取。并购交易价格、标的净资产价值、并购持续时间以及并购是否成功的数据通过翻阅公司并购公告手工搜集获取。其他上市公司并购、IPO、SEO 及财务数据均来源于 CSMAR 数据库。

5.3.2 实证模型和变量定义

（1）实证模型

为了检验假设 H1 - H2，本书设定模型如下：

$$AVG = \alpha_0 + \alpha_1 Rela + \sum \alpha_i Control + \varepsilon \quad (1)$$

$$Success = \theta_0 + \theta_1 Rela + \sum \theta_i Control + \omega \quad (2)$$

模型（1）估计了“关系”对并购超额收益的影响，根据假设 H1，Rela 的系数α_1应显著为正；模型（2）估计了“关系”对并购是否成功的影响，根据假设 H2，Rela 的系数θ_1应显著为正；其中，模型（2）的因变量为 0 - 1 哑变量，因此采用 Probit 模型进行估计。另外，由于在本书所选样本期间内同一家公司进行重复并购的样本较少，但是同一行业内的公司并购容易受到相同宏观经济和政策的影响，从而出现自相关问题，模型（1）和模型（2）均采用经行业层面聚类调整的标准误以克服自相关和异方差问题（Petersen，2009）。

（2）变量定义

①因变量。并购绩效（AVG）：本书以公司并购的超额收益来衡量并购绩效。Moeller et al.（2004）指出，由于累积超额收益率（CAR）赋予小型和大型的收购公司同样的权重，使得平均而言亏损的交易（以美元计算）看上去似乎是盈利的。因此，当一个并购样本的平均累计超额收益（CAR）为 1% 时，其实有可能对股东价值而言平均收益为负。为了更好地衡量财务顾问在

并购中为公司带来协同效应，本书参考 Kale et al.（2003），Moeller et al.（2004）和 Ismail（2010）的做法，采用超额收益（AVG）衡量公司的并购绩效。超额收益（AVG）等于公司在并购事件窗口期（-1，+1）的 CAR 乘以公司在并购宣告日前六天的市场价值（以亿元为单位）。其中，累计超额收益率（CAR）指标是根据 Brown and Warner（1985）的市场模型法进行计算。

在 Brown and Warner（1985）的市场模型法中，通过以下公式计算出公司股票的预期正常收益率：$R_{it}=R_f+\beta_i(R_{mt}-R_f)+\varepsilon_{it}$，$E(\varepsilon_{it})=0$。其中，$R_{it}$为公司的预期正常收益率，$R_f$ 为无风险利率，R_{mt}为市场组合的收益率，沪市 A 股使用上证 A 股指数替代，深市 A 股采用深圳 A 股指数替代。本书使用最小二乘法估计该模型中的参数。首先使用事件前窗口期估计 β_i，然而利用得到的 β_i 估计窗口期内的正常收益率 R_{it}，其次将公司实际股票收益率 R 减去估计出的正常收益率，得到当日股票的异常收益率 AR_{it}：$AR_{it}=R-\hat{R}_{it}$；最后，把事件期（本书中为并购宣告日前后共三天）的异常收益率相加就能得到事件期的累积异常收益率 CAR。

并购是否成功（Success）：以公司并购最终是否宣告成功设 0-1 哑变量，如果公司公告最后宣布股权成功完成过户的并购则对该变量赋值为 1，如果公告宣布终止并购则对该变量赋值为 0。剔除截至 2015 年 7 月 31 日仍未宣告完成过户或者终止的并购事件。

②自变量。投行 - 公司间关系（Rela）：根据 Ljungqvist et al.（2006）；Fernando et al.（2012）；潘越和戴亦一（2013）；Chen et al.（2013），并且结合我国的实际情况，本书定义两个

指标来衡量投行与公司之间的关系[①]：第一，投行与公司间是否有关系（Rela1），即本次并购前，如果公司聘请的财务顾问曾经担任过本公司的 IPO、SEO 的承销商，或者并购财务顾问，则 Rela1 取值为 1；否则取值为 0。第二，投行－公司间关系紧密程度（Rela2），即本次并购前公司聘请的财务顾问与本公司发生业务合作的次数，包括 IPO、SEO 和并购业务。另外，由于样本期间内，投行之间有发生合并，本书参照 Ljungqvist et al.（2006），Chen et al.（2013），认为合并后的投行会承续合并前的两个投行与公司间的关系。

③控制变量。投行声誉（Rep）：Kale et al.（2003）以市场占有率作为投行声誉的衡量指标，Golubov et al.（2012）以投行完成的交易额及交易数量是否排名前八作为高声誉的衡量指标。本书借鉴以上研究，以公司并购前一年完成并购交易金额排名前十的投行作为高声誉组，赋值为 1，排名低于前十的投行作为低

① Ljungqvist et al.（2006）还考虑了银行的借贷关系和持股关系，本研究不予考虑是因为我国金融业法律制度背景与美国不同。第一，对于借贷关系，美国自从 1999 年 11 月国会通过《金融服务现代化法案》（Financial Services Modernization Act），亦称《格雷姆－里奇－比利雷法案》（Gramm－Leach－Bliley Act），其金融业实现了从分业经营到混业经营的转变，银行可以提供承销服务，投资银行也可以提供贷款服务，然而我国金融业仍然处于分业经营的阶段，商业银行不能为上市公司提供承销服务，投资银行也不能为上市公司提供贷款服务，因此本研究中不考虑借贷关系。第二，对于持股关系，因为我国《上市公司并购重组财务顾问业务管理办法》对投行的独立性做出了要求，其中第十七条规定，如果存在投行持有或者通过协议、其他安排与他人共同持有上市公司股份达到或者超过 5% 的情形，则投行不得担任独立财务顾问。如果投行对上市公司持股比例小于 5%，可以合理预期投行不会对上市公司的财务决策产生重大影响，因此本研究也不考虑持股关系。第三，对于董事联结关系，如 Cai and Sevilir（2012）；陈仕华等（2013）所展开的对并购双方关系的研究中所定义，也是基于我国《上市公司并购重组财务顾问业务管理办法》对财务顾问的独立性要求：上市公司如有代表担任投行的董事或者投行有代表担任上市公司的董事，则投行不得担任上市公司的财务顾问，因此本书不考虑董事会联结这种关系。

声誉组，赋值为0。[①]

另外，为了控制公司特征和交易特征等对公司并购有影响的因素，本书参考已有研究（Burner，1988；Lang et al.，1989；Kale et al.，2003；Ismail，2010；Golubov et al.，2012；王艳和阚铄，2014），加入公司规模（Size）、市账比（MB）、公司资产负债率（Lev）、公司现金流量（CF）、公司所有权性质（State）、并购规模大小（Rsize）、并购支付方式是否包括股份支付（Stockpay），是否关联交易（Rele）作为除投行声誉外的控制变量，并对以上控制变量中的连续变量在1%的水平上进行了缩尾处理。变量定义详见表5-1。

表5-1　　　　变量定义

变量名	变量定义
AVG	并购超额收益。公司在并购事件窗口期（-1，+1）的CAR乘以公司在并购宣告日前六日当天的市场价值（以亿元为单位）。
Success	并购是否成功。哑变量，如果并购最后成功，则赋值为1；如果终止并购，则赋值为0。
Rela1	投行与公司是否有关系，如果财务顾问曾经是上市公司的IPO、SEO承销商或者并购财务顾问，该变量赋值为1，否则为0。
Rela2	投行与公司关系的紧密程度，即财务顾问与公司曾经合作的次数。
Rep	投行的声誉。以公司并购前一年投行完成的并购交易金额排名前十作为高声誉组，赋值为1；而其他的投行作为低声誉组，赋值为0。
Lev	公司的财务风险。公司的资产负债率。
CF	公司的现金流量。公司的现金流/公司总资产

① 稳健性检验中选取《证券公司从事上市公司并购重组财务顾问业务执业能力专业评价结果》作为投行声誉的度量指标，检验了我国并购重组财务顾问业务执业能力专业评价结果是否能反应投行的并购重组业务能力，当投行属于A类财务顾问时，则Rep=3；当投行属于B类财务顾问时，Rep=2；当投行属于C类财务顾问时，Rep=1。投行声誉越高，取值越高，结论不变。

续表

变量名	变量定义
Size	公司的规模。公司总资产的自然对数。
MB	公司的市账比。公司的市值/公司的资产账面价值。
State	公司的所有权性质。哑变量，国有控股公司赋值为 1，民营上市公司赋值为 0。
Rsize	交易规模。并购交易金额/收购方并购前一年末总资产。
Stockpay	支付方式是否包括股票。哑变量，如果支付方式包括股票取 1，否则取 0。
Rele	是否关联交易。哑变量，如果并购属于关联交易则赋值为 1，否则为 0。
Year	年度哑变量。当数据来自 2009 年时，Year1 = 1，其余年份为 0，其他变量依次类推。

5.4 实证结果

5.4.1 描述性统计

表 5 - 2 报告了本书主要变量的描述性统计结果。从表 5 - 2 可以看到，*AVG* 的平均值和中位数分别为 4.284 和 3.539，这表明，平均而言，聘请了财务顾问的并购在宣告日前后三天内为公司增加了 4 亿元左右的市场价值。最终成功的并购比例达到了 84.6%，说明大部分并购最后都成功完成。Rela1 和 Rela2 的平均值为 0.43 和 0.53 左右，说明在接近一半的并购中，公司选择了有“关系”的投行作为财务顾问，表明在我国上市公司选择有“关系”的投行作为财务顾问比较普遍。Rep 的平均值为 0.37 左右，中位数为 0，即公司聘请的财务顾问中高声誉的投行

所占比例不大。另外，从交易特征来看，上市公司发起的并购交易规模（Rsize）平均为公司总资产的 90% 左右，但是标准差为 1.95，说明不同并购事件规模差别很大；大部分的并购交易支付方式都包括股份支付（Stockpay 的均值为 0.93 左右）；超过一半以上的并购为关联交易。其他关于公司特征的变量分布也都在合理的范围内。

表 5 - 2　主要变量的描述性统计

变量	样本数	平均值	中位数	标准差	最小值	最大值
AVG	424	4.284	3.539	8.102	-22.817	67.827
Sucssess	365	0.846	1	0.361	0	1
Rela1	424	0.429	0	0.496	0	1
Rela2	424	0.528	0	0.694	0	4
Rep	424	0.370	0	0.483	0	1
Level	424	0.313	0.265	0.213	0.003	0.956
CF	424	-0.059	-0.041	0.143	-0.754	0.309
Size	424	21.42	21.253	1.029	18.890	24.606
MB	424	3.191	2.568	2.176	0.915	18.039
State	424	0.276	0	0.448	0	1
Rsize	424	0.921	0.311	1.950	0.022	5.903
Stockpay	424	0.934	1	0.249	0	1
Rele	424	0.590	1	0.492	0	1

注：AVG 的单位为亿。

5.4.2　单变量分析

在回归分析之前，本书首先对假设 H1 和 H2 做了初步的单变量分析。按照投行与公司是否有“关系”分为两组，对主要变量进行了组间的均值 t 检验和中位数 Wilcoxon 秩检验，相关结果如表 5 - 3 所示。

从表 5 - 3 可以看出，在投行与公司有“关系”组中，AVG 的均值和中位数为 5.216 和 3.734，大于这两个指标在没有“关系”一组中的均值和中位数（3.582 和 3.401），且该差异在 10% 的统计水平上显著；而两组之间的并购成功概率没有显著差异；说明在不考虑其他因素的情况下，当投行和公司有“关系”时，能在并购中为公司带来更大的协同效应，提升公司价值；然而，投行 - 公司间关系并没有显著影响公司并购成功的概率。另外，有“关系”的投行所参与的并购在收购方的公司特征以及并购交易特征上也存在一定差异，比如公司的现金流量（CF）、并购交易规模（Rsize）等，由于这些因素也会影响公司并购的经济后果（Lang et al.，1991；Bao and Edmans，2011；Golubov et al.，2012）。因此，需要在回归分析中控制其他因素的影响，以得到更可信的结论。此外，两组间的资产规模（Size）和市账比（MB）并没有显著差异，由此可见与投行有“关系”的公司并购超额收益较大并不是由于其市值较高导致。

表 5 - 3　　单变量分析

变量	没有“关系”组			有“关系”组			差异 T/Z 检验	
	样本量	均值	中位数	样本量	均值	中位数	T 检验	Z 检验
AVG	242	3.582	3.401	182	5.216	3.734	-2.062**	-1.765*
Success	204	0.843	1	161	0.85	1	-0.204	-0.205
Rep	242	0.314	0	182	0.445	0	-2.783***	-2.762***
Level	242	0.325	0.286	182	0.297	0.238	1.362	1.075
CF	242	-0.047	-0.02	182	-0.076	-0.06	2.122**	3.458***
Size	242	21.372	21.244	182	21.479	21.273	-1.063	-1.171

续表

变量	没有“关系”组			有“关系”组			差异T/Z检验	
	样本量	均值	中位数	样本量	均值	中位数	T检验	Z检验
MB	242	3.196	2.58	182	3.185	2.539	0.049	0.352
State	242	0.298	0	182	0.247	0	1.145	1.145
Rsize	242	1.113	0.392	182	0.665	0.266	2.352***	3.515***
Stockpay	242	0.934	1	182	0.934	1	-0.007	-0.007
Rele	242	0.69	1	182	0.456	0	4.977***	4.343***

注：***、**、*分别表示在1%、5%、10%水平上显著。

5.4.3 相关性分析

表5-4计算了各主要变量的Pearson相关系数。Rela1和AVG的相关系数为0.1，且在5%的水平上显著；Rela2和AVG的相关系数为0.139，在1%的水平上显著，这初步说明不考虑其他因素的情况下，投行-公司间关系与公司并购绩效是正相关的。而无论是指标Rela1还是Rela2，与并购是否成功（Success）的相关性在统计意义上都不显著。两个投行-公司间关系指标（Rela1和Rela2）的相关系数为0.879，且在1%的水平上显著，说明用这两个指标来衡量投行-公司间关系具有较高的一致性。除此之外，解释变量和控制变量之间的相关系数都较小（绝对值都不超过0.4），说明主要变量之间并无较强的相关性，因此在回归分析中出现多重共线性问题的可能性较小。

5.4.4 回归分析

（1）投行-公司间关系与并购绩效

投行-公司间关系与并购绩效的回归结果如表5-5所示，当只加入关系（Rela1）这一变量时，其系数为1.648左右，且

表 5 – 4　　主要变量的 Pearson 相关系数

	AVG	Success	Rela1	Rela2	Rep	Level	CF	Size	MB	State	Rsize	stockpay
AVG	1											
Success	0.096 *	1										
Rela1	0.100 **	-0.045	1									
Rela2	0.139 ***	-0.044	0.879 ***	1								
Rep	0.146 ***	0.043	0.134 ***	0.106 **	1							
Level	-0.023	-0.179 ***	-0.066	-0.045	-0.007	1						
CF	0.092 *	-0.054	-0.103 **	-0.079	0.029	0.149 ***	1					
Size	0.217 ***	-0.143 ***	0.052	0.115 **	0.101 **	0.323 ***	0.106 **	1				
MB	0.125 **	0.242 ***	-0.002	-0.025	-0.015	-0.210 ***	-0.04	-0.521 ***	1			
State	0.054	-0.206 ***	-0.056	-0.067	0.095 *	0.241 ***	0.206 ***	0.364 ***	-0.259 ***	1		
Rsize	-0.051	0.032	-0.114 **	-0.123 **	0.072	-0.025	0.133 ***	-0.371 ***	0.394 ***	-0.062	1	
Stockpay	0.131 ***	-0.057	0	0.011	-0.052	-0.003	0.079	-0.079	0.092 *	-0.048	0.051	1
Rele	0.054	-0.112 **	-0.235 ***	-0.187 ***	0.133 ***	0.237 ***	0.184 ***	0.098 **	-0.041	0.279 ***	0.254 ***	0.126 ***

注：***、**、* 分别表示在 1%、5%、10% 水平上显著。

在 1% 的水平上显著，说明在不考虑其他因素的情况下，公司选择有“关系”的财务顾问能够提高并购绩效。列（2）加入其他控制变量后，变量 Rela1 的系数为 1.314，仍然在 1% 的水平上显著为正，且经济意义同样显著，比起没有“关系”的财务顾问，有“关系”的财务顾问在并购中平均为股东增加了 1.314 亿元的价值。同样，列（3）和列（4）中，以 Rela2 作为投行 - 公司间关系的替代变量，回归系数同样在 1% 的水平上显著为正，说明投行与公司间的关系越紧密，在并购中创造的价值越多。

在控制变量中，投行声誉（Rep）、公司规模（Size）、市账比（MB）和支付方式包括股份支付（Stockpay）与并购绩效（AVG）显著正相关，公司财务风险（Lev）与并购绩效（AVG）负相关。

综上，公司在并购时选择有“关系”的投行作为财务顾问能为公司带来更大的并购协同效应，提高并购绩效；并且，该“关系”越紧密，并购绩效越好，验证了假设 H1。

表 5 - 5　　投行 - 公司间关系与公司并购绩效

变量	(1)	(2)	(3)	(4)
常数项	3.533***	-64.925***	3.401***	-63.115***
	(11.479)	(-3.987)	(10.142)	(-3.749)
Rela1	1.648***	1.314***		
	(3.750)	(3.847)		
Rela2			1.580***	1.188***
			(6.595)	(4.393)
Rep		1.727**		1.738**
		(2.402)		(2.471)

续表

变量	(1)	(2)	(3)	(4)
Level		-3.522* (-1.848)		-3.470* (-1.804)
CF		4.395** (2.447)		4.375** (2.456)
Size		2.880*** (3.837)		2.797*** (3.588)
MB		1.166*** (6.560)		1.159*** (6.597)
State		-0.021 (-0.022)		0.078 (0.084)
Rsize		-0.279 (-1.602)		-0.276 (-1.590)
Stockpay		3.771*** (3.736)		3.722*** (3.729)
Rele		0.806 (1.428)		0.790 (1.506)
Year		控制		控制
N	433	424	433	424
R^2	0.010	0.179	0.019	0.183

注：括号内为经过行业聚类调整后的t值，***、**、*分别表示在1%、5%、10%水平上显著，因变量超额收益的单位为亿元。

(2) 投行-公司间关系与并购成功概率

表5-6的回归结果显示了投行-公司间关系对并购成功概率的影响。如表5-6所示，无论是Rela1还是Rela2的系数都不显著，这一结果说明有“关系”的投行并没有显著提高并购成功的概率。可以推断有“关系”的财务顾问并不以完成交易作

为首要目标，不支持交易完成假说。从其他控制变量可以出，投行声誉（Rep）也没有显著提高并购成功的概率，而并购溢价（Premium）与并购是否成功显著正相关，说明收购方给出的价格越高，并购越容易成功。并购交易规模（Size）越大，以及采用股份支付方式都会降低并购成功的概率，符合信息不对称理论。根据上述分析，有“关系”的投行并不会显著提升并购成功概率，实证结果不支持假设H2。

表5-6　　投行-公司间关系与并购成功概率

变量	(1)	(2)	(3)	(4)
常数项	0.987*** (10.328)	-4.530* (-1.766)	1.008*** (11.024)	-4.774* (-1.841)
Rela1	0.062 (0.539)	0.096 (0.649)		
Rela2			0.009 (0.138)	0.006 (0.063)
Rep		-0.135 (-1.251)		-0.119 (-1.030)
Level		-0.657** (-2.010)		-0.668** (-2.026)
CF		-0.040 (-0.168)		-0.062 (-0.268)
Size		0.086 (0.880)		0.089 (0.905)
MB		0.056** (2.200)		0.057** (2.239)
State		0.018 (0.087)		0.015 (0.076)

续表

变量	(1)	(2)	(3)	(4)
Rsize		-0.061** (-2.147)		-0.062** (-2.158)
Premium		0.025** (2.096)		0.024** (1.988)
Stockpay		-0.840*** (-2.693)		-0.827*** (-2.734)
Rele		0.164* (1.849)		0.140 (1.417)
Year		控制		控制
N	373	363	373	363
Pseudo R^2	0.004	0.060	0.005	0.062

注：括号内为经过行业聚类调整后的t值，***、**、*分别表示在1%、5%、10%水平上显著。

5.4.5 进一步分析：信息不对称程度

由前文分析可知，由于关系降低了公司与投行间的信息不对称程度，使得投行能为收购方设计更适合的并购交易方案，并且在谈判中帮助目标方更好地了解收购方的真实情况。那么可以推断，投行-公司间关系主要在信息不对称程度较高的情况下发挥作用。

第一，分析师跟踪人数往往被认为公司信息环境的重要指示器，代表着资本市场对公司的关注程度（Lang et al.，2003）。已有研究认为分析师跟踪人数是市场获取公司私有信息的一个主要代理变量：Shores（1990）研究发现分析师能在公司年度盈余宣告前给市场提供过渡信息，因此分析师跟踪人数可视为公司在年度中期可获得信息多少的代理变量；Brennan and Hughe (1991) 认为分析师跟踪人数能反应市场能获得的公司信息总量，因此在股票分割和信息披露模型构建中加入了这一变量。第二，Frank and Goyal (2003) 认为高市账比（公司资产的市场价值和账面价值之比）的公司通常拥有更多的未来增长机会，相对而言信息不对称程度更高。并且，由于市账比高的公司其股票价格较高，如果采用股票支付的方式进行并购更容易给目标方传递一种公司股票价格被高估的信号，信息不对称程度也更高 (Myers and Majluf, 1984)。第三，Rajan and Zingales (1995) 指出，公司规模也是信息不对称程度的代表。因为通常情况下，大公司披露的公开信息更多，跟随的分析师也较多，受关注的程度更高，所以大公司的信息不对称程度相对小公司来讲更低。因此，本书将分析师跟踪人数、市账比 (MB)、公司规模作为公司信息不对称程度的替代变量，并按照信息不对称程度对研究样本进行分组：(1) 如果公司的分析师跟踪人数小于或等于样本中位数，则该公司的信息不对称程度较高；反之，公司分析师跟踪人数大于样本中位数，则信息不对称程度较低。(2) 如果公司的市账比大于或等于样本中位数，则信息不对称程度较高；公司市账比小于样本中位数，则信息不对称程度较低。(3) 如果公司规模小于或等于样本规模的中位数，则信息不对称程度较高；反之，公司规模大于样本公司规模的中位数，则信息不对称程度较低。

基于上述原因，本书按照公司分析师跟踪人数多少、市账比高低以及规模大小来衡量公司的信息不对称程度，按信息不对称程度高低将总样本分成两组，然后分别对信息不对称程度高的组和信息不对称程度低的组重新进行回归，比较两组之间的回归系数是否有差异。

(1) 按公司分析师跟踪人数分组检验的结果

按公司分析师跟踪人数对投行－公司间关系与并购绩效的分组回归检验结果如表5－7所示，模型（1）、（2）分别报告了分析师跟踪人数较少的一组的回归结果。从模型（1）中可以看出，关系（Rela1）的系数与并购绩效在1%的水平上显著为正，说明信息不对称程度高时，有“关系”的财务顾问有助于提高公司并购绩效；从模型（2）可以看出，关系（Rela2）的回归系数也在1%的水平显著为正，这说明对信息不对称程度较高的公司而言，投行与公司间关系越紧密，越能帮助公司提高并购绩效。模型（3）、（4）分别报告了信息不对称程度较低的组的回归结果，其结果与信息不对称程度较高的组恰好完全相反。无论是模型（3）还是模型（4），关系（Rela1 和 Rela2）的系数都变得不显著。这说明信息不对称程度较低时，有“关系”的财务顾问对并购绩效并没有显著的提升作用。

表5－7　按分析师跟踪人数分组检验：投行－公司间关系与并购绩效

	(1)	(2)	(3)	(4)
	分析师跟踪人数较少的组		分析师跟踪人数较多的组	
常数项	−40.314** (−2.580)	−37.834** (−2.555)	−93.927** (−2.270)	−92.748** (−2.229)
Rela1	1.626*** (5.330)		1.061 (1.164)	
Rela2		2.071*** (8.053)		0.613 (1.456)
Rep	0.440 (0.869)	0.372 (0.826)	3.128** (2.545)	3.230** (2.544)

续表

	(1)	(2)	(3)	(4)
	分析师跟踪人数较少的组		分析师跟踪人数较多的组	
Level	-1.729 * (-2.089)	-1.629 ** (-2.230)	-7.788 (-1.070)	-7.721 (-1.068)
CF	9.009 ** (2.467)	8.832 ** (2.460)	1.441 (0.458)	1.377 (0.427)
Size	1.898 *** (3.119)	1.780 *** (3.145)	4.215 * (2.057)	4.165 * (2.017)
MB	1.061 *** (4.707)	1.040 *** (4.763)	1.211 *** (4.356)	1.216 *** (4.343)
State	-0.366 (-0.647)	-0.401 (-0.681)	0.030 (0.012)	0.131 (0.051)
Rsize	-0.363 *** (-6.267)	-0.351 *** (-6.434)	-0.126 (-0.156)	-0.159 (-0.194)
Stockpay	2.087 (1.385)	2.067 (1.518)	4.272 (1.522)	4.262 (1.588)
Rele	0.223 (0.974)	0.244 (0.935)	1.334 (0.949)	1.227 (0.957)
Year	控制	控制	控制	控制
N	224	224	200	200
R^2	0.194	0.220	0.200	0.199

注：括号内为经过行业聚类调整后的 t 值，***、**、* 分别表示在 1%、5%、10% 水平上显著。

按公司分析师跟踪人数对投行 - 公司间关系与并购成功概率的分组回归检验的结果如表 5 - 8 所示，模型（1）、（2）分别报告了分析师跟踪人数较少的组的回归结果。从模型（1）和模型（2）可以看出，关系（Rela1 和 Rela2）的系数都不显著，说明信息不对称程度较高时，投行-公司间关系并没有显著提高并购成功的概率。然而，在模型（3）和模型（4）中，关系（Rela1和Rela2）的系数都在5%的水平上显著为正，这与前面的结论都相反，在公司信息不对称程度较低时，有“关系”的财务顾问在一定程度上提高了并购成功的概率。

表5-8　按分析师跟踪人数分组检验：投行-公司间关系与并购成功概率

	(1)	(2)	(3)	(4)
	分析师跟踪人数较少的组		分析师跟踪人数较多的组	
常数项	-8.472*** (-2.704)	-8.454*** (-2.579)	2.688 (0.967)	1.969 (0.677)
Rela1	0.132 (0.400)		0.502** (2.098)	
Rela2		0.190 (0.735)		0.419** (1.836)
Rep	0.186 (1.501)	0.180 (1.366)	-0.350 (-1.099)	-0.372 (-1.291)
Level	-0.510 (-1.515)	-0.498 (-1.528)	-0.698 (-1.382)	-0.800 (-1.544)
CF	-0.877** (-1.964)	-0.863* (-1.955)	1.098*** (3.651)	1.184*** (3.947)
Size	0.427*** (2.669)	0.425** (2.569)	-0.050 (-0.397)	-0.017 (-0.127)
MB	0.022 (0.550)	0.024 (0.562)	0.120*** (2.930)	0.115*** (3.024)
State	0.238 (0.693)	0.232 (0.675)	-0.237 (-0.700)	-0.385 (-1.112)

续表

	(1)	(2)	(3)	(4)
	分析师跟踪人数较少的组		分析师跟踪人数较多的组	
Rsize	-0.001 (-0.045)	-0.001 (-0.027)	0.051 (0.260)	0.029 (0.113)
Rele	0.152 (1.090)	0.159 (1.214)	-0.027 (-0.146)	0.048 (0.301)
Premium	0.026* (1.892)	0.026* (1.763)	0.017 (0.713)	0.016 (0.625)
Stockpay			-0.179 (-0.490)	-0.087 (-0.233)
Year	控制	控制	控制	控制
N	188	188	175	175
Pseudo R^2	0.087	0.089	0.142	0.167

注：括号内为经过行业聚类调整后的 t 值，***、**、* 分别表示在 1%、5%、10% 水平上显著。

(2) 按市账比（MB）分组检验的结果

按市账比对投行 - 公司间关系与并购绩效的分组回归检验的结果如表 5 - 9 所示，模型（1）、(2) 分别报告了市账比较高的组的回归结果。从模型（1）中可以看出，关系（Rela1）的系数与并购绩效在 5% 的水平上显著为正，说明信息不对称程度高时，有“关系”的财务顾问有助于提高公司并购绩效；从模型（2）可以看出，关系（Rela2）的回归系数也在 10% 的水平显著为正，这说明对信息不对称程度较高的公司而言，投行与公司间关系越紧密，越能帮助公司提高并购绩效。模型（3）、（4）分别报告了信息不对称程度较低的组的回归结果，其结果与信息不对称程度较高的组恰好完全相反。无论是模型（3）还是模型

(4)，关系（Rela1 和 Rela2）的系数都变得不显著。这说明信息不对称程度较低时，有“关系”的财务顾问对并购绩效并没有显著的提升作用。

表 5-9　按市账比分组检验：投行-公司间关系与并购绩效

变量	市账比高的组		市账比低的组	
	(1)	(2)	(3)	(4)
常数项	-119.162*** (-8.306)	-115.691*** (-7.947)	-50.386 (-1.503)	-48.956 (-1.431)
Rela1	1.486*** (2.620)		1.431 (1.460)	
Rela2		1.274* (2.070)		0.967 (1.657)
Rep	1.050 (1.590)	1.137* (1.758)	2.603*** (3.145)	2.649** (2.998)
Level	-1.404 (-0.979)	-1.306 (-0.847)	-2.155 (-0.451)	-2.203 (-0.461)
CF	7.856*** (3.261)	7.806*** (3.496)	-0.438 (-0.161)	-0.555 (-0.199)
Size	5.611*** (8.401)	5.442*** (8.029)	2.123 (1.439)	2.074 (1.376)
MB	0.977*** (4.316)	0.973*** (4.229)	1.514 (1.229)	1.424 (1.132)
State	-1.574 (-1.291)	-1.485 (-1.245)	1.832* (1.810)	1.911* (1.900)
Rsize	-0.137 (-1.042)	-0.145 (-1.074)	0.056 (0.246)	0.042 (0.176)

续表

变量	市账比高的组		市账比低的组	
	(1)	(2)	(3)	(4)
Stockpay	2.240*** (3.565)	2.213*** (3.276)	3.815*** (3.444)	3.809*** (3.473)
Rele	2.359*** (4.002)	2.300*** (3.673)	-0.040 (-0.053)	-0.118 (-0.172)
Year	控制	控制	控制	控制
N	215	215	209	209
R^2	0.302	0.305	0.163	0.163

注：括号内为经过行业聚类调整后的 t/z 值，***、**、* 分别表示在 1%、5%、10% 水平上显著。

按市账比对投行－公司间关系与并购成功概率的分组回归检验的结果如表 5－10 所示，模型（1）、（2）分别报告了市账比较高的组的回归结果。从模型（1）和模型（2）可以看出，关系（Rela1 和 Rela2）的系数都不显著，说明信息不对称程度较高时，投行－公司间关系并没有显著提高并购成功的概率。然而，在模型（3）和模型（4）中，关系（Rela1 和 Rela2）的系数都在 10% 的水平上显著为正，这与前面的结论都相反，在公司信息不对称程度较低时，有“关系”的财务顾问在一定程度上提高了并购成功的概率。

表 5－10　按市账比分组检验：投行－公司间关系与并购成功概率

	(1)	(2)	(3)	(4)
	市账比高的组		市账比低的组	
常数项	-2.159 (-0.767)	-1.833 (-0.625)	-4.905 (-1.157)	-5.839 (-1.224)

续表

	(1)	(2)	(3)	(4)
	市账比高的组		市账比低的组	
Rela1	-0.305 (-1.457)		0.386* (1.831)	
Rela2		-0.208 (-1.012)		0.333* (1.940)
Rep	-0.401* (-1.805)	-0.374* (-1.702)	0.306* (1.698)	0.351* (1.687)
Level	-1.409*** (-4.399)	-1.418*** (-4.519)	-0.010 (-0.019)	-0.039 (-0.077)
CF	-0.475 (-0.662)	-0.505 (-0.688)	0.227 (0.590)	0.282 (0.861)
Size	0.380*** (2.874)	0.364*** (2.652)	0.254 (1.390)	0.289 (1.430)
MB	0.023 (0.889)	0.025 (0.910)	-0.026 (-0.068)	0.027 (0.066)
State	0.087 (0.350)	0.115 (0.455)	0.080 (0.446)	0.043 (0.217)
Rsize	-0.040 (-1.130)	-0.040 (-1.138)	0.021 (0.078)	0.004 (0.015)
Rele	0.186 (1.469)	0.168 (1.481)	-0.094 (-0.900)	-0.061 (-0.708)
Stockpay			-0.531*** (-4.005)	-0.496*** (-3.478)
Premium	0.026* (1.777)	0.026* (1.702)	0.024* (1.664)	0.025* (1.659)
Year	控制	控制	控制	控制
N	187	187	176	176
Pseudo R^2	0.177	0.174	0.112	0.123

注：括号内为经过行业聚类调整后的t值，***、**、*分别表示在1%、5%、10%水平上显著。

(3) 按公司规模分组检验的结果

表5-11显示了按照公司规模对投行-公司间关系与并购绩效分组回归的结果。模型(1)、(2)分别报告了公司规模较小，也就是信息不对称程度较高的组的回归结果。从模型(1)中可以看出，关系(Rela1)的回归系数为1.334，在1%的水平上显著为正，说明当公司规模较小的时候，有“关系”的财务顾问有助于提升并购价值；模型(2)中的关系(Rela2)的回归系数同样为正，并且在1%的水平上显著。这说明投行与公司间的关系越紧密，越能帮助公司提升并购绩效。表5-11的模型(3)、(4)分别报告了信息不对称程度较低的组的回归结果，其结果与信息不对称较高的组恰好完全相反。在模型(3)、(4)中，关系(Rela1和Rela2)的系数变得不显著，这说明信息不对称程度较低时，有“关系”的财务顾问并没有帮助公司显著提升并购绩效，这一结论与按市账比分组回归的结果一致。

表5-11　按公司规模分组检验：投行-公司间关系与并购绩效

变量	(1)	(2)	(3)	(4)
	公司规模较小的组		公司规模较大的组	
常数项	-40.502***	-38.750***	-99.307***	-97.842***
	(-2.692)	(-2.694)	(-2.789)	(-2.724)
Rela1	1.334**		1.481	
	(2.237)		(0.992)	
Rela2		1.182**		1.114
		(2.312)		(1.398)
Rep	0.244	0.247	2.972**	3.044**
	(0.427)	(0.422)	(2.225)	(2.304)
Level	-0.909	-0.857	-4.662	-4.617
	(-0.776)	(-0.725)	(-1.073)	(-1.066)

续表

变量	(1)	(2)	(3)	(4)
	公司规模较小的组		公司规模较大的组	
CF	0.972 (0.477)	0.953 (0.474)	5.513 (0.968)	5.429 (0.969)
Size	1.874*** (2.629)	1.790*** (2.623)	4.183** (2.581)	4.120** (2.518)
MB	0.537*** (3.130)	0.535*** (3.315)	3.641*** (4.541)	3.608*** (4.593)
State	0.490 (1.107)	0.534 (1.197)	-0.075 (-0.048)	0.044 (0.029)
Rsize	-0.119 (-1.270)	-0.118 (-1.266)	-0.801 (-1.155)	-0.832 (-1.158)
Stockpay	1.924 (0.984)	1.872 (0.960)	4.499 (1.426)	4.548 (1.509)
Rele	1.358** (2.196)	1.331** (2.133)	0.781 (0.473)	0.711 (0.448)
Year	控制	控制	控制	控制
N	213	213	211	211
R^2	0.195	0.199	0.269	0.271

注：括号内为经过行业聚类调整后的 t 值，***、**、*分别表示在1%、5%、10%水平上显著。

表5-12显示了按照公司规模对投行-公司间关系与并购成功概率的分组回归结果。在公司规模较小的组中，关系（Rela1和Rela2）与并购成功概率的回归系数在统计上不显著。而在公司规模较大的一组当中，关系（Rela1和Rela2）的系数在5%的水平上显著为正。这一回归结果表明，当公司信息不对称程度较低的时候，有“关系”的财务顾问有助于提高并购成功概率；反而在信息不对称程度较高时，有“关系”的财务顾问对公司

并购成功概率的影响不大，与按市账比分组回归的结果一致。

表 5－12　按公司规模分组检验：投行－公司间关系与并购成功概率

	(1)	(2)	(3)	(4)
	公司规模较小的组		公司规模较大的组	
常数项	－3.320 (－0.559)	－3.028 (－0.516)	－2.823 (－0.813)	－3.775 (－0.976)
Rela1	－0.175 (－1.000)		0.389 ** (1.987)	
Rela2		－0.252 (－1.676)		0.357 ** (1.892)
Rep	－0.104 (－0.738)	－0.119 (－0.834)	0.240 (1.112)	0.253 (1.163)
Level	－1.256 *** (－3.820)	－1.228 *** (－3.685)	－0.193 (－0.256)	－0.256 (－0.332)
CF	－0.297 (－0.593)	－0.276 (－0.560)	0.484 (0.797)	0.501 (0.789)
Size	0.431 (1.524)	0.415 (1.486)	0.147 (0.955)	0.189 (1.110)
MB	0.060 (1.513)	0.058 (1.469)	0.046 (1.113)	0.052 (1.274)
State	0.178 (0.535)	0.181 (0.562)	0.019 (0.118)	－0.036 (－0.242)
Rsize	－0.047 * (－1.757)	－0.045 * (－1.733)	－0.311 * (－1.908)	－0.349 ** (－2.078)
Rele			0.014 (0.023)	0.052 (0.083)

续表

	(1)	(2)	(3)	(4)
	公司规模较小的组		公司规模较大的组	
Stockpay	0.176 (1.476)	0.200* (1.760)	-0.060 (-0.333)	-0.035 (-0.216)
Premium	0.014* (1.808)	0.015* (1.841)	0.041** (1.980)	0.046** (2.264)
Year	控制	控制	控制	控制
N	182	182	181	181
Pseudo R^2	0.101	0.106	0.081	0.103

注：括号内为经过行业聚类调整后的t值，***、**、*分别表示在1%、5%、10%水平上显著。

5.5 稳健性检验

5.5.1 关于内生性问题

选择哪家投行作为并购财务顾问这一决策很大程度上取决去公司和投行自身，因此本书可能出现自选择带来的内生性问题。并且，如表5-3单变量分析结果所示，聘请有“关系”和没有“关系”的财务顾问参与的并购事件在公司特征和交易特征上也有一定的差别，因此可能出现由于其他遗漏变量带来的内生性问题。为了解决以上问题，本书借鉴Masulis and Mobbs（2011），Song et al.（2013），覃家琦和邵新建（2015）的做法，采用处理效应模型（treatment effect model）控制内生性问题。

处理效应模型（treatment effect model）是Maddala（1983）

是遵循 Heckman（1979）提出的样本选择模型进一步研究出来控制内生性的方法。然而，Heckman（1979）的模型在第二阶段容易出现多重共线性问题，Maddala（1983）的估计方法会更为可靠。处理效应模型同样采用两阶段估计法。

第一阶段：用 Probit 模型估计方程 $P(D_i = 1 \mid Z_i) = \Phi(Z_i\delta)$，估计出 λ_i。

第二阶段：用 OLS 回归估计方程：$Y_i = X_i\beta + \gamma D_i + \rho\sigma\lambda_i$，得到系数 β，γ，$\rho\sigma$ 的估计值。

其中，Z_i 可以与 X_i 有重叠的变量，但是 Z_i 中至少有一个变量比如 z_{1i} 不直接影响结果变量 Y_i，只是影响个体是否选择 $D_i = 1$。

本书选择一个与是否选择有“关系”的投行作为财务顾问相关的外生变量：投行上一次参与公司 IPO、SEO 及并购至这一次参与公司并购的时间间隔长短（Gap）。外生变量需要满足的条件是：不直接影响 Y_i，只通过 D_i 影响 Y_i。那么，如果不选择有“关系”的那个投行，这一次并购与上一次与投行合作时间的间隔便不会影响并购的经济后果。接着，将时间间隔长短（Gap）与另外两个影响投行是否被选择的变量投行声誉（Rep）与是否关联交易（Rele）放入第一阶段的选择模型中。首先通过 Probit 选择模型，估计出 λ，再将 λ 带入到第二阶段的回归模型中得到估计系数。然而，两步法虽然简便，但是会导致效率损失，本书不仅采用两步法进行估计，也采用更有效率的极大似然法（MLE）同时估计所有模型的参数。

首先，如表 5 - 13 中的列（2）所示，时间间隔（Gap）、投行声誉（Rep）以及是否关联交易（Rele）的系数与是否选择有关系的财务顾问都在 1% 的水平上正相关，说明这两个变量是有效的外生变量。但是，从第（1）列可以看出，关于并购超额收益的第二阶段模型中，λ 的系数并不显著，因此说明该模型不存在严重的内生性问题，关系（Rela1）的系数仍然显著，之前OLS回归的结论较为可靠，即有“关系”的投行作为并购财务顾问能提高公司的并购绩效。

此外，表5－13的列（3）和列（4）采用极大似然法（MLE）的估计结果与两步法类似。对于并购超额收益的模型，表5－13底部的似然比检验没有拒绝原假设“$H_0: \rho = 0$”（Chi2只有0.03），则说明该模型大体上不存在内生性问题，关系（Rela1）的系数在5%的水平上显著为正，显著性水平有所提高。由此可见，在采用处理效应模型控制内生性问题以后，本书之前的结论不变。

表5－13　内生性问题：处理效应模型

变量	两步法估计		极大似然法估计	
	(1)	(2)	(3)	(4)
	第二阶段	选择模型	第二阶段	选择模型
常数项	－52.207***	0.279**	－64.976***	0.280***
	(－6.254)	(2.382)	(－6.161)	(2.386)
Rela1	0.510*		0.774**	
	(1.815)		(2.244)	
Rep	0.877	0.471***	1.819*	0.471***
	(1.227)	(3.510)	(1.948)	(3.510)
Level	－0.959		－3.608*	
	(－0.641)		(－1.923)	
CF	3.544**		3.31	
	(2.028)		(1.459)	
Size	2.345***		2.894***	
	(6.464)		(6.326)	

续表

变量	两步法估计		极大似然法估计	
	(1)	(2)	(3)	(4)
	第二阶段	选择模型	第二阶段	选择模型
MB	0.889 *** (5.513)		1.165 *** (5.734)	
State	0.079 (0.106)		-0.011 (-0.010)	
Rsize	-0.162 (-0.909)		-0.275 (-1.240)	
Stockpay	1.630 (1.372)		3.827 *** (2.554)	
Rele	0.371 (0.548)	-0.501 *** (-3.652)	0.733 (0.682)	-0.501 *** (-3.652)
Gap		-0.000 *** (-4.328)		-0.000 *** (-4.340)
λ	0.688 (0.772)			
Year	控制			
N	424	424	424	424
Wald/LR - Chi2	96.99	42.43		
LR test of（$\rho=0$）			Chi2 = 0.03	

注：***、**、* 分别表示在 1%、5%、10% 水平上显著。

5.5.2　采用不同收购比例的样本

由于在我国持股比例达到 30% 就能至少达到相对控股（王化成等，2011；王艳和阚铄，2014），并且部分国外文献认为收购 100% 股权比例的并购才能体现对目标公司完全的控制（Gompers and Xuan，2009）。因此，本书选择收购比例为 30% 和 100% 的样本重新进行以上的回归分析。结果如表 5-14 和表 5-15 所示，无论是在收购比例为 30% 还是 100% 的样本中，投行-公司间关系变量（Rela1 和 Rela2）与并购绩效显著正相关，对并购是否成功没有显著影响，因此，本书结论并不因收购比例的变化而改变。

表 5-14　　稳健性检验：收购比例为 30% 的样本

变量	(1)	(2)	(3)	(4)
	并购绩效		并购是否成功	
常数项	-53.458**	-52.999**	-3.423	-3.788
	(-2.595)	(-2.687)	(-1.121)	(-1.285)
Rela1	1.077**		-0.051	
	(2.516)		(-0.407)	
Rela2		0.879*		-0.126
		(1.774)		(-1.424)
Rep	1.868**	1.973**	-0.053	-0.038
	(2.281)	(2.385)	(-0.362)	(-0.238)
Level	-4.670*	-4.693*	-0.930***	-0.947***
	(-2.022)	(-2.008)	(-2.737)	(-2.741)
CF	4.442**	4.294**	-0.158	-0.181
	(2.385)	(2.236)	(-0.678)	(-0.866)
Size	2.364**	2.350**	0.223	0.242*
	(2.554)	(2.655)	(1.604)	(1.816)
MB	1.130***	1.133***	0.090***	0.091***
	(5.603)	(5.687)	(4.199)	(4.315)

续表

变量	(1)	(2)	(3)	(4)
	并购绩效		并购是否成功	
State	0.715 (0.840)	0.745 (0.918)	0.113 (1.029)	0.093 (0.909)
Rsize	-0.368* (-1.938)	-0.376* (-1.893)	-0.078*** (-2.737)	-0.079*** (-2.680)
Stockpay	3.203** (2.539)	3.269** (2.951)	-0.658*** (-3.008)	-0.634*** (-3.151)
Rele	1.395* (1.858)	1.266* (2.046)	0.141* (1.686)	0.119* (1.717)
Premium			0.018* (1.893)	0.018* (1.779)
Year	控制	控制	控制	控制
N	438	438	375	375
R^2/pseudo R^2	0.142	0.140	0.054	0.058

注：括号内为经过行业聚类调整后的 t/z 值，***、**、* 分别表示在 1%、5%、10% 水平上显著。

表 5-15　　稳健性检验：收购比例为 100% 的样本

	(1)	(2)	(3)	(4)
	并购绩效		并购是否成功	
常数项	-50.418*** (-3.509)	-49.301*** (-3.379)	-5.523 (-1.427)	-5.973 (-1.480)
Rela1	0.980** (2.922)		-0.177 (-1.226)	
Rela2		0.952*** (3.320)		-0.199** (-2.382)

续表

	(1)	(2)	(3)	(4)
	并购绩效		并购是否成功	
Rep	1.341**	1.304**	0.080	0.097
	(2.224)	(2.212)	(0.345)	(0.404)
Level	−0.620	−0.518	−0.832*	−0.868*
	(−0.674)	(−0.543)	(−1.793)	(−1.881)
CF	1.057	1.011	−0.298	−0.289
	(0.547)	(0.508)	(−0.870)	(−0.876)
Size	2.151***	2.096***	0.291	0.314
	(3.206)	(3.076)	(1.573)	(1.644)
MB	0.901***	0.899***	0.110***	0.113***
	(7.569)	(7.514)	(2.923)	(2.999)
State	−0.374	−0.277	0.254	0.219
	(−0.300)	(−0.220)	(1.227)	(1.153)
Rsize	−0.203**	−0.196*	−0.101**	−0.105**
	(−2.191)	(−2.058)	(−2.342)	(−2.387)
Stockpay	4.465**	4.417**	−0.301**	−0.277**
	(2.885)	(2.972)	(2.123)	(2.006)
Rele	−0.169	−0.170	−0.034	−0.034
	(−0.248)	(−0.251)	(−0.267)	(−0.230)
Premium			0.015	0.015
			(1.441)	(1.368)
Year	控制	控制	控制	控制
N	320	320	279	279
R^2/pseudo R^2	0.142	0.146	0.070	0.076

注：括号内为经过行业聚类调整后的 t/z 值，***、**、*分别表示在 1%、5%、10% 水平上显著。

5.5.3　更换度量指标

（1）更换并购绩效的度量指标

为了反映公司并购的相对绩效，本书参考 Moeller et al.（2004）的研究，以超额累计收益率（CAR）作为替代变量衡量公司并购绩效，即以公司前六天的市场价值对公司在并购事件窗口期（-1，+1）的 CAR 值进行加权平均计算。如表 5-16 所示，Rela1 和 Rela2 的系数都在 1% 的水平上显著为正，因此与前文的结论一致。

表 5-16　以超额收益率作为并购绩效的替代变量回归结果

变量	(1)	(2)	(3)	(4)
常数项	0.073*** (11.479)	-1.350*** (-3.987)	0.071*** (10.142)	-1.313*** (-3.749)
Rela1	0.034*** (3.750)	0.027*** (3.847)		
Rela2			0.033*** (6.595)	0.025*** (4.393)
Rep		0.036** (2.402)		0.036** (2.471)
Level		-0.073* (-1.848)		-0.072* (-1.804)
CF		0.091** (2.447)		0.091** (2.456)
Size		0.060*** (3.837)		0.058*** (3.588)
MB		0.024*** (6.560)		0.024*** (6.597)

续表

变量	(1)	(2)	(3)	(4)
State		-0.000 (-0.022)		0.002 (0.084)
Rsize		-0.006 (-1.602)		-0.006 (-1.590)
Stockpay		0.078*** (3.736)		0.077*** (3.729)
Rele		0.017 (1.428)		0.016 (1.506)
Year	控制	控制	控制	控制
N	433	424	433	424
R^2	0.010	0.179	0.019	0.183

注：括号内为经过行业聚类调整后的t值，***、**、*分别表示在1%、5%、10%水平上显著。

（2）更换投行声誉的度量指标

由于我国证券业协会公布了《证券公司从事上市公司并购重组财务顾问业务执业能力专业评价结果》，将财务顾问分为A、B、C类，A类为能力等级最高的一类投行，C类为能力等级最低的一类投行，其类别划分反映了财务顾问执业能力的相对水平。由于这一评价结果为业内公认的权威评价标准，证监会在审核公司并购重组时也会考虑财务顾问的等级。基于中国的这个实际情况，对于本书另一重要变量投行声誉的度量参照这一评价结果，当投行属于A类财务顾问时，对Rep赋值为3；当投行属于B类财务顾问时，对Rep赋值为2；当投行属于C类财务顾问时，对Rep赋值为1。投行声誉越高，取值越高。重新定义声誉指标并进行回归的结果如表5－17所示，列（1）和列（2）报告了关系与并购绩效的回归系数，其中 Rela1 和 Rela2 的系数都为正，且在 1% 的水平上显著；列（3）和列（4）报告了关系与并购是否成功的回归系数，Rela1 和 Rela2 的系数都不显著。由此可见，更换声誉变量后对于前文的结论没有影响。

表 5 - 17　　　　替换声誉变量的回归结果

变量	(1)	(2)	(3)	(4)
	并购绩效		并购是否成功	
常数项	-65.623*** (-4.096)	-63.874*** (-3.836)	-4.378* (-1.735)	-4.619* (-1.822)
Rela1	1.495*** (3.758)		-0.046 (-0.378)	
Rela2		1.250*** (3.809)		-0.091 (-1.563)
Rep	0.691** (2.779)	0.639** (2.299)	-0.111 (-0.790)	-0.103 (-0.726)
Level	-3.451* (-1.789)	-3.437 (-1.761)	-0.988*** (-2.722)	-1.001*** (-2.738)
CF	4.298** (2.301)	4.258** (2.297)	0.105 (0.394)	0.088 (0.372)
Size	2.884*** (3.948)	2.811*** (3.697)	0.280** (2.365)	0.292** (2.457)
MB	1.159*** (6.501)	1.155*** (6.540)	0.089*** (3.459)	0.090*** (3.474)
State	0.197 (0.220)	0.292 (0.317)	0.028 (0.258)	0.018 (0.168)
Rsize	-0.234 (-1.614)	-0.232 (-1.580)	-0.073*** (-2.686)	-0.074*** (-2.648)

续表

变量	(1)	(2)	(3)	(4)
	并购绩效		并购是否成功	
Stockpay	3.383*** (3.148)	3.356*** (3.185)	-0.617*** (-2.925)	-0.605*** (-2.987)
Rele	0.996* (1.840)	0.960* (1.918)	0.084 (1.025)	0.074 (0.965)
Premium			0.021** (2.021)	0.021* (1.941)
Year	控制	控制	控制	控制
N	424	424	363	363
R^2/pseudo R^2	0.173	0.176	0.062	0.063

注：括号内为经过行业聚类调整后的t值，***、**、*分别表示在1%、5%、10%水平上显著。

5.5.4　剔除数据极端值的影响

为了避免异常值对研究结论的影响，本书对所有因变量在1%和5%的水平上进行缩尾处理。结果如表5-18所示，无论是对因变量在1%还是5%的水平上进行缩尾处理，投行-公司间关系（Rela1和Rela2）都与并购绩效显著正相关。因此，本书结论并不因极端值的影响而改变。

表5-18　　稳健性检验：剔除数据极端值的影响

	(1)	(2)	(3)	(4)
	对因变量1%缩尾		对因变量5%缩尾	
常数项	-61.926*** (-4.198)	-60.332*** (-3.960)	-41.234*** (-6.286)	-39.992*** (-5.907)

续表

	(1)	(2)	(3)	(4)
	对因变量 1% 缩尾		对因变量 5% 缩尾	
Rela1	1.170*** (4.123)		0.859*** (4.885)	
Rela2		1.050*** (4.077)		0.803*** (4.513)
Rep	1.539** (2.305)	1.550** (2.368)	0.635 (1.179)	0.637 (1.225)
Level	-2.905* (-1.902)	-2.859* (-1.855)	-1.393** (-2.321)	-1.357** (-2.189)
CF	3.802** (2.593)	3.783** (2.610)	2.258** (2.211)	2.251** (2.195)
Size	2.760*** (4.115)	2.687*** (3.866)	1.905*** (6.377)	1.847*** (5.983)
MB	1.116*** (6.929)	1.110*** (6.924)	0.814*** (7.326)	0.809*** (7.232)
State	0.034 (0.040)	0.121 (0.139)	0.141 (0.220)	0.208 (0.318)
Rsize	-0.257 (-1.717)	-0.254 (-1.697)	-0.203*** (-3.225)	-0.200*** (-3.168)
Stockpay	3.493*** (4.043)	3.450*** (4.013)	2.380*** (3.779)	2.342*** (3.800)
Rele	0.633 (1.214)	0.617 (1.231)	0.253 (0.644)	0.249 (0.649)
Year	控制	控制	控制	控制
N	424	424	424	424
R^2	0.185	0.188	0.187	0.192

注：括号内为经过行业聚类调整后的 t 值，***、**、* 分别表示在 1%、5%、10% 水平上显著。

5.5.5 剔除金融行业

由于金融行业的上市公司与其他类型的上市公司差异较大，为了排除该类上市公司的影响，本书剔除了收购方为按照证监会发布的《上市公司行业分类指引》分类为金融类的公司。表5－19显示了采用剔除金融行业公司的样本重新进行回归后的结果，列（1）和列（2）中，关系（Rela1和Rela2）与并购绩效的回归系数在1%的水平上显著为正；而在列（3）和列（4）中，关系（Rela1和Rela2）与并购是否成功的回归系数在统计意义上不显著。这说明在剔除金融行业上市公司的影响后，前文的结论依然不变。

表5－19　稳健性检验：剔除金融行业

	(1)	(2)	(3)	(4)
	并购绩效		并购是否成功	
常数项	−54.435*** (−5.013)	−52.440*** (−4.721)	−4.393* (−1.650)	−4.640* (−1.727)
Rela1	1.039*** (4.498)		−0.043 (−0.349)	
Rela2		1.131*** (3.663)		−0.096 (−1.403)
Rep	1.613** (2.241)	1.587** (2.244)	−0.095 (−0.689)	−0.084 (−0.569)
Level	−1.851** (−2.734)	−1.785** (−2.477)	−0.924*** (−3.098)	−0.942*** (−3.123)
CF	5.016*** (3.316)	5.034*** (3.425)	0.073 (0.272)	0.058 (0.239)

续表

	(1)	(2)	(3)	(4)
	并购绩效		并购是否成功	
Size	2.393*** (4.975)	2.299*** (4.651)	0.272** (2.306)	0.285** (2.409)
MB	1.130*** (6.418)	1.121*** (6.454)	0.085*** (3.579)	0.086*** (3.642)
State	-0.303 (-0.345)	-0.207 (-0.230)	0.048 (0.384)	0.036 (0.299)
Rsize	-0.329** (-2.322)	-0.323** (-2.312)	-0.069*** (-2.796)	-0.070*** (-2.724)
Stockpay	3.584*** (3.465)	3.504*** (3.385)	-0.634*** (-2.981)	-0.620*** (-3.073)
Rele	0.577 (1.177)	0.614 (1.272)	0.083 (1.031)	0.070 (0.964)
Premium			0.021* (1.956)	0.021* (1.864)
Year	控制	控制	控制	控制
N	422	422	362	362
R^2/pseudo R^2	0.160	0.166	0.059	0.061

注：括号内为经过行业聚类调整后的 t/z 值，***、**、* 分别表示在 1%、5%、10% 水平上显著。

5.6　结论

本书以我国 A 股上市公司 2009 - 2014 年聘请了财务顾问的

并购事件为样本，探讨投行－公司间关系是否影响公司并购的经济后果及其作用机制。研究发现：公司在并购中选择有“关系”的投行作为财务顾问，平均为公司增加了1.3亿元的股东价值，并且“关系”越紧密，公司价值增加越多；但是，对并购成功概率并没有显著影响。进一步分析表明，在信息不对称程度较高的情况下，有“关系”的财务顾问能显著提升公司并购绩效，对并购成功概率没有影响；而在信息不对称程度较低的情况下却相反，有“关系”的财务顾问提高了并购成功概率，但是没有显著提高公司并购绩效。在采用处理效应模型控制内生性问题以及其他稳健性检验后，结论依然成立。上述实证结果说明，“关系”作为公司和投行拥有的一种专用性资产，能帮助降低公司与投行之间的信息不对称程度，并且缓解投行和公司间的代理冲突，使得投行不仅以完成并购为主要目的，更注重并购为公司创造的价值。

本研究具有重要的理论意义和现实意义。从理论层面，本书从公司选择并购财务顾问这一独特视角出发，探讨投行－公司间关系在公司并购中发挥的作用，丰富了关于公司并购中金融中介的相关文献，同时也为“关系”与金融的交叉研究提供了新的研究视角。从现实层面，第一，政府部门在规范并购重组财务顾问业务活动时，可以鼓励公司与投行建立长期关系，同时对这种“关系”加强监管使其能够保持良性循环；第二，对公司而言，选择与投行建立长期关系能够缓解代理冲突、降低信息不对称程度，提高并购绩效。因此公司在选择并购财务顾问时，不仅仅要考虑投行的声誉，也应当考虑投行与公司间的“关系”。

第6章

投行 – 公司间关系影响并购经济后果的作用机制

6.1　引言

前文实证结果表明有“关系”的投行能提高并购绩效，却并没有提高并购成功的概率。究其原因，相对于并购交易是否最终成功，有“关系”的投行很可能更看重并购是否为公司创造价值。但这类投行如何在并购交易中为公司创造价值，其创造价值的作用机制是什么？要回答以上问题，还需要进一步研究有“关系”的财务顾问在并购交易的哪些环节发挥了作用。

我国证监会于 2008 年颁布的《上市公司并购重组财务顾问业务管理办法》规定，并购财务顾问业务是指投行为上市公司并购重组活动提供交易估值、方案设计、出具专业意见等服务。在实际工作中，投行作为收购方的并购财务顾问，其职责主要是帮助收购方进行尽职调查，分析收购方案的可行性、设计交易结构等，并参与并购谈判中争取为收购方争取更大的利益，进行规范性运作辅导等（McLaughlin，1990；Kale et al.，2003；Wang et al.，2014）。由此可见，投行主要通过对并购交易的设计以及谈判来影响公司并购经济后果，也就是说主要在并购的交易过程中发挥作用。具备不同交易特征的并购会影响并购经济后果，比如并购的规模、支付方式、溢价水平、持续时间、是否关联交易等（Asquith et al.，1983；Andrade et al.，2001；Sirower，1997；黄兴孪和沈维涛，2006）。而现有文献大多认为财务顾问主要在交易层面的并购溢价水平和持续时间两个维度对并购交易特征产生影响（Golubov et al.，2012；Song et al.，2013；Wang et al.，2014）。

公司在并购中常常由于管理者过度自信或者信息不对称等问题发生过度支付的现象（Roll，1986；Hansen，1987；Díaz et al.，2009），而过高的并购溢价水平也正是导致并购无法给公司创造价值甚至减损公司股东价值的原因之一（Varaiya and Ferris，1987；Sirower，1997）。并购持续时间涉及并购效率问题，特别是在我国，并购从宣告发起直到最终宣告成功或者失败的持续时间通常较长，不仅要通过证监会审批，而且多数公司股票在此期间还要停牌，使得投资者白白浪费了资金的时间成本。如果并购最终失败，更会给投资者带来巨大的额外损失。例如我国创业板上市公司掌趣科技（300315）于2014年7月14日起开始宣告停牌筹划重大事项，到2015年2月16日才发布发行股份购买资产的预案及复牌公告，最后于2015年12月10日完成并购交易，整个并购持续了514天，仅仅筹划期的停牌时间就长达218天；

沪市上市公司万方发展（000638）于2013年5月16日宣布重大资产重组预案，历时599天，直到2015年1月5日最终宣布终止重大资产重组事项，股价大幅下跌。在并购方案设计和谈判过程中，投行通过利用自身的专业能力和经验能很大程度地对并购双方达成的价格和并购持续时间施加影响。然而已有文献主要从投行的声誉、经验两个角度研究了公司在并购中聘请不同的投行作为财务顾问对并购溢价或者并购持续时间的影响（Hunter and Jagtiani，2003；Golubov et al.，2012；Song et al.，2013；Wang et al.，2014），鲜有文献从投行-公司间关系的角度进行分析。

"关系"与金融的交叉研究是近年学术界研究的一个热点话题。并购作为公司最重要的投资决策和战略决策之一，也会受到各种不同"关系"的影响。公司间董事高管之间的关系（Cai and Sevilir，2012；陈仕华等，2013；Ishii and Xuan，2014）、公司高管与政府的联结关系（潘红波等，2008）以及公司与风险资本间的关系（Gompers and Xuan，2009）可能会降低不同主体间的信息不对称程度，也可能引发各主体间的利益冲突，从而影响公司并购的交易过程及经济后果。除了以上几种关系，投行与公司通过业务合作会建立起一种长期关系，作为投行和公司拥有的一种专用性资产（James，1992）。已有文献证明，投行-公司间关系有利于投行获得之后的IPO、SEO承销业务和贷款业务，降低以后的承销费用和贷款成本（Drucker and Puri，2005；Ljungqvist et al，2006；潘越和戴亦一，2013），同样也会影响公司股东价值（Fernando et al.，2012）。此外，我国又是一个典型的关系型社会（陆铭和李爽，2008）。既然公司选择不同声誉或经验的财务顾问可能会影响并购交易特征，那么，公司选择不同关系背景的投行作为并购财务顾问是否会影响公司并购的溢价水平和持续时间？

为回答上述问题，本书以我国 A 股上市公司 2009 - 2014 年聘请了财务顾问的并购事件为样本，研究投行 - 公司间关系影响并购经济后果的作用机制，即有“关系”的投行是否在交易层面对并购溢价水平和并购持续时间产生影响。研究发现：公司在并购中选择有“关系”的投行作为财务顾问，平均为公司降低了 150% 的溢价水平；并且无论是最终成功还是失败的并购，有“关系”的财务顾问显著缩短了并购持续时间。进一步分析表明，在信息不对称程度较高的情况下，有“关系”的财务顾问能显著降低公司并购的溢价水平，并缩短并购持续时间；而在信息不对称程度较低的情况，投行 - 公司间关系对并购溢价水平和并购持续时间的影响均不显著。在采用处理效应模型控制内生性问题以及通过其他稳健性检验后，结论依然成立。上述实证结果说明，“关系”作为公司和投行拥有的一种专用性资产，能帮助降低公司与投行之间的信息不对称程度，缓解投行和公司间的代理冲突，使得投行不仅以完成并购为主要目的，更注重并购为公司创造的价值。

本书的主要贡献在于：第一，本书拓展了“关系”与金融领域的交叉研究。现有研究中，“关系”与公司并购的相关文献主要从公司间董事高管之间的关系（Cai and Sevilir，2012；陈仕华等，2013；Ishii and Xuan，2014）、公司高管与政府的联结关系（潘红波等，2008）以及公司与风险资本间的关系（Gompers and Xuan，2009）等角度进行考察，鲜有文献从投行 - 公司间关系的角度进行分析。本书研究了投行 - 公司间关系是否影响公司并购的交易特征，提供了“关系”在金融市场中发挥作用的新证据。第二，丰富了公司并购中金融中介的相关文献。对于财务顾问在公司并购交易中发挥了怎样的作用这一问题，大多数研究较为关注投行的声誉、行业并购经验等对公司并购交易特征产生的影响（Hunter and Jagtiani，2003；Golubov et al.，2012；Song et al.，2013；Wang et al.，2014），很少关注投行 - 公司间关系在并购中发挥的作用。第三，现有文献虽然发现“关系”会影响公司的并购绩效，却忽视了其作用机制。本章从并购溢价、并购持续时间两个维度深入分析其作用机制，深化了“关系”与公司并购的相关内容。

本章剩余部分安排如下：第二部分是文献回顾与研究假设；第三部分是本章的研究设计；第四部分是本章的实证结果与分析；第五部分是稳健性检验；第六部分是本章小结。

6.2　文献回顾与研究假设

并购不仅是公司的重大投资和战略决策，也是一项涉及并购双方的复杂交易。因此，并购不能为公司创造价值至少有两方面原因：第一，来源于公司层面，例如收购方战略定位不当、管理层过度自信、并购双方文化冲突（Sirower，1997；Malmendier and Tate，2008；王艳和阚铄，2014）等；第二，来源于并购交易层面，比如超额支付价款、尽职调查不当、谈判失利等（Varaiya and Ferris 1987；Pcvel and Singh，2006；Aktas et al.，2010）。投行作为并购财务顾问主要在交易层面发挥作用：第一，投行可以帮助公司发现更有潜力的收购目标或者设计更好的收购方案，从而为并购创造更大的协同效应；第二，在并购过程中通过战略谈判为收购方争取更大的利益。即投行利用行业经验和专业技能在与目标方的谈判中尽量以最低的成本撮合交易成功（McLaughlin，1990；Kale et al.，2003；Wang et al.，2014）。因此，公司聘请不同声誉、经验的投行作为财务顾问主要对并购交易层面的并购溢价和并购持续时间的产生影响。(Hunter and Jagtiani, 2003; Golubov et al., 2012; Song et al., 2013; Wang et al., 2014)。

然而，除了拥有声誉、经验等资本外，投行还会与公司通过业务合作建立起一种关系型资本（James, 1992)。“关系”可以为公司提供有价值的联系及资源（Bygrave, 1988)。帮助企业寻找合适的客户和战略联盟合作伙伴（Hochberg et al., 2007)，降低企业的融资成本（Chuluun et al., 2010; Chen et al., 2013)。在公司并购中，公司间董事高管之间的关系（Cai and Sevilir, 2012; 陈仕华等, 2013; Ishii and Xuan, 2014)、公司高管与政府的联结关系（潘红波等, 2008）以及公司与风险资本间的关系（Gompers and Xuan, 2009）都会对并购价值产生影响。投行与公司间的关系作为众多“关系”中的一种，可能会在以下两方面影响并购交易特征。

现有研究表明，并购并不一定会为并购方股东创造价值，这至少要部分归因于公司在并购中支付了过高的并购溢价（Hunter and Jagtiani, 2003; Faccio and Masulis, 2005)，并且这种情况在公司并购中经常发生（Roll, 1986; Díaz et al., 2009)。在并购谈判的过程中，从并购双方股东利益最大化的角度出发，收购方肯定希望能够以较低的价格完成并购，而目标公司却总是希望价格越高越好（Chahine and Ismail, 2009)。此外，当目标公司不了解收购方的真实价值时，目标公司可能会低估收购方的股票价值，向并购方要求更高的并购溢价（Hansen, 1987)。而财务顾问在并购中的职责之一便是在整个交易过程中为公司设计并购方案，帮助公司进行谈判，争取以最低的价格保证并购交易成功（Kale et al., 2003)，因此，并购溢价水平是财务顾问对并购交易特征能产生影响的最重要的一个维度（Song et al., 2013)。

虽然交易完成假说（deal completion hypothesis）认为，一项

收购的交易价值对投行来说是次要的，因为投行并购业务的收费结构很大一部分依赖于是否完成交易（Rau，2000）。因此投行可能会为了提高并购成功的概率建议收购方给出一个较高的价格，即使这样的高溢价会损害股东价值（Wang et al.，2014）。然而交易完成假说所强调的投行机会主义行为通常只会发生在静态的单次博弈中，Rubbinstein（1979）、Radner（1981）提出的委托代理动态模型证明，如果委托人和代理人保持长期的关系，委托人可以相对准确地从观测到的变量中推断代理人的努力水平，代理人不可能用投机的办法提高自己的福利。Osborne and Rubinstein（1994）、张维迎（2012）也指出重复博弈能避免博弈双方的短期机会主义行为。那么，当投行与公司建立起“关系”时，正如本书第4章的实证表明，该投行参与公司未来并购业务的概率会更大，那么当投行预期与公司长期合作的可能性很大时，便会更侧重于长期利益，而不仅仅以完成并购作为最主要的目的。此时，投行会倾向于考虑长期利益而放弃采取短期机会主义行为，从公司利益的角度出发，尽量以最低的价格完成并购交易，为收购方创造价值，从而维持这种长期关系。

另一方面，从信息不对称理论的角度出发，财务顾问一个重大职责便是代表公司与目标方进行谈判，这一双边谈判对并购交易最后达成的一致价格有着重大影响。如果投行与公司有“关系”，曾经有过合作经历，那么投行会更了解公司，在谈判中能帮助目标公司更好地了解收购方的真实价值，从而避免目标公司低估收购方的股票价值从而要求更高的并购溢价的情况发生。因此，有“关系”的投行作为公司的并购财务顾问时，既有动机又有能力去降低公司并购溢价。综上，本书提出假设如下：

H1：其他情况相同的条件下，投行－公司间关系与并购溢价水平负相关。

由于投行在并购中会参与尽职调查、方案设计、商业谈判以及股权交割的全部交易过程，因此投行对整个并购持续时间的长短有很大影响（Golubov et al.，2012；Song et al. 2013）。Hunter and Jagtiani（2003）发现，由于具备更加高超的技术和丰富的经验，高声誉的投行作为公司并购财务顾问能显著提高并购完成的速度。Golubov et al.（2012）提出，高声誉的投行也可能出于对自己声誉的考虑，在并购交易过程中会更加小心谨慎地评估交易条款，并且花费更多时间与目标方磋商谈判，以争取对收购方更为有利的条件。Song et al.（2013）研究表明，公司聘请精品财务顾问（boutique advisors）完成并购所需要花费的时间更长，因为精品财务顾问的专业能力更强，因此公司通常会在一些比较复杂的并购交易中聘请这类投行，而复杂的交易往往需要更多的尽职调查，并且评估项目的可行性难度更大，因此所需时间也更长。

对于有与公司有长期关系的财务顾问而言，可以从以下三方面提高完成并购的速度。首先，通常在最初的尽职调查阶段，搜集并购双方的有关信息会花费好几个月的时间，产生高额的时间成本（Bruner，2004）。但是，当投行与公司有“关系”时，由于在该公司以前的IPO、SEO承销或者并购中同样会对公司进行尽职调查，投行已经了解公司的基本信息。并且，有“关系”的投行在承销或并购业务之后会对公司进行持续督导，使得投行一直保持对公司的信息更新，进一步降低了公司和投行之间的信息不对称程度，从而能够节省部分尽职调查的时间。其次，如果投行与公司有“关系”，彼此会更了解对方，投行与客户之间能减少误会，彼此更加信任且沟通也更顺畅（Chen et al.，2013），无论是前期的尽职调查、中期的谈判、帮助公司设计并购方案，以及制作申报文件等方面都能提高合作效率，从而缩短整个并购持续时间。最后，在我国的法律环境下，上市公司并购是要经过证监会审批的，如果不符合有关规定，即便是与目标方达成一致也不能通过后续审批完成并购。所以，投行对于项目的判断是“先合规后商业”，即先判断下有无硬伤，包括经营合法性、财产权属是否齐备、收入成本是否真实等。在对项目合规性进行专业判断后，再撮合双方进行商业谈判。当公司聘请有“关系”的投行作为财务顾问时，由于与公司的信息不对称程度较低，投行会更了解公司的情况，因此能更快发现公司的经营情况和财务状况是否符合相关部门的规定，如果在一开始就发现并购不符合相关规定，则可以快刀斩乱麻，尽快结束这次并购或者对公司提出解决方案。或者当有“关系”的财务顾问发现并购对收购方的股东不利，也会出于和公司保持长期关系的考虑，尽快结束该次并购，而不会为了短期利益去勉强促成并购交易多次与目标方展开谈判，避免浪费收购方以及投资者过多的时间。因此，本书提出如下假设：

H2：其他情况相同的条件下，投行－公司间关系与并购持续时间负相关。

6.3　研究设计

6.3.1　样本选择与数据来源

本书选取我国A股上市公司首次宣告日在2009－2014年间的所有并购事件作为初始样本[①]，根据研究需要，按如下标准对

① 选择2009年为样本起点，是由于我国证监会于2008年6月3日才颁布《上市公司并购重组财务顾问业务管理办法》。在这之后，投行的财务顾问业务许可条件以及业务规则才得到统一的规范。为了年度的完整性，本书从2009年开始选取样本。

样本进行筛选：（1）上市公司作为收购方的样本；（2）剔除并购类型属于债务重组、资本分拆、资产置换、股份回购、资产剥离的样本；（3）要求并购事件标的物为目标公司股权，以避免资产收购事件对研究的影响（王艳和阚铄，2014）；（4）剔除交易金额小于500万元的样本（唐建新和陈冬，2010）；（5）剔除并购后收购方持股比例不足50%的样本（Golubov et al. 2012，Wang et al.，2014）；（6）将分次收购目标公司股权视为同一次并购事件（吴超鹏等，2008）；（7）剔除没有聘请并购财务顾问和并购财务顾问数据缺失的样本；（8）剔除上市公司财务数据、并购交易数据缺失、回报率数据缺失的样本。最终得到421个样本。

本书所使用的与投行相关的数据来自于中国证券业协会网站公布的财务报告，通过手工搜集获取。并购交易价格、标的净资产价值、并购持续时间以及并购是否成功的数据通过翻阅公司并购公告手工搜集获取。其他上市公司并购、IPO、SEO及财务数据均来源于CSMAR数据库。

6.3.2 实证模型和变量定义

（1）实证模型

为了检验假设H1－H2，本书设定模型如下：

$$Premium = \alpha_0 + \alpha_1 Rela + \sum \alpha_i Control + \varepsilon \quad (1)$$

$$Time = \theta_0 + \theta_1 Rela + \sum \theta_i Control + \omega \quad (2)$$

模型（1）估计了“关系”对并购溢价水平的影响，根据假设H1，Rela的系数α_1应显著为负；模型（2）估计了“关系”对并购持续时间的影响，根据假设H2，Rela的系数θ_1应显著为负。另外，由于在本书所选样本期间内同一家公司进行重复并购的样本较少，但是同一行业内的公司并购容易受到相同宏观经济和政策的影响，从而出现自相关问题，模型（1）和模型（2）均采用经行业层面聚类调整的标准误以克服自相关和异方差问题（Petersen，2009）。

（2）变量定义

①因变量。并购溢价水平（Premium）：国外学者（Kim et al.，2011；Cai and Sevilir，2012；Song et al.，2013；）通常采用每股收购价格超出目标公司股价的比例来衡量并购溢价，即并购溢价水平 =（每股收购价格 - 目标公司每股股价）/目标公司每股股价。然而，由于我国并购的目标方大多数为非上市公司，无法观测其每股价格；并且国内并购行为很多是通过协议转让方式进行，在协议转让时主要以净资产作为交易双方定价谈判的基准。因此国内学者（唐宗明和蒋位，2002；陈仕华和卢昌崇，2013）根据我国资本市场的情况，将净资产作为溢价的测量基准。本书也沿用我国学者使用的方法衡量并购溢价，其具体计算公式如下：并购溢价水平 =（交易总价 - 交易标的净资产）/交易标的净资产。

并购持续时间（Time）：借鉴已有研究（Golubov et al.，2012；Song et al.，2013），并购持续时间是指从并购首次宣告日直到公司宣告收购标的完成过户日或者并购终止日的间隔天数。并且，本书将总样本分为并购最终成功和并购最终失败的样本，分别考察投行 - 公司间关系对并购持续时间的影响是否有所不同。剔除截至 2015 年 7 月 31 日仍未宣告完成过户或者终止的并购事件。

②自变量。投行 - 公司间关系（Rela）：根据 Ljungqvist et al.（2006）；Fernando et al.（2012）；潘越和戴亦一（2013）；Chen et al.（2013），并且结合我国的实际情况，本书定义两个指标来衡量投行与公司之间的关系：第一，投行与公司间是否有关系（Rela1），即本次并购前，如果公司聘请的财务顾问曾经担任过本

公司的 IPO、SEO 的承销商，或者并购财务顾问，则 Rela1 取值为 1；否则取值为 0。第二，投行 - 公司间关系紧密程度（Rela2），即本次并购前公司聘请的财务顾问投行与本公司发生业务合作的次数，包括 IPO、SEO 和并购业务。另外，由于样本期间内，投行之间有发生合并，本书参照 Ljungqvist et al.（2006），Chen et al.（2013），认为合并后的投行会承续合并前的两个投行 - 公司间关系。

③控制变量。投行声誉（Rep）。Kale et al.（2003）以市场占有率作为投行声誉的衡量指标，Golubov et al.（2012）以投行完成的交易额及交易数量是否排名前八作为高声誉的衡量指标。本书借鉴以上研究，以公司并购前一年投行完成的并购交易金额排名前十作为高声誉组，赋值为 1，而其他的投行作为低声誉组，赋值为 0。

另外，为了控制公司特征和交易特征等对公司并购有影响的因素，本书参考已有研究（Hayward and Hambrick，1997；Rau，2000；Shleifer and Vishny，2003；Golubov et al.，2012；葛伟杰等，2014），加入公司规模（Size）、市账比（MB）、公司资产负债率（Lev）、公司现金流量（CF）、公司所有权性质（State）、并购规模大小（Rsize）、并购支付方式是否包括股份支付（Stockpay），是否关联交易（Rele）作为除投行声誉外的控制变量，并对以上控制变量中的连续变量在 1% 的水平上进行了缩尾。变量定义详见表 6 - 1。

表 6 - 1　　　　变量定义

变量名	变量定义
Premium	并购溢价水平。（交易总价 - 交易标的净资产）/交易标的的净资产。
Time	并购持续时间。从并购首次宣告日到宣告并购标的完成过户日或者终止并购日的间隔天数。

续表

变量名	变量定义
Rela1	投行与公司是否有关系，如果财务顾问曾经是上市公司的 IPO、SEO 承销商或者并购财务顾问，该变量赋值为 1，否则为 0。
Rela2	投行与公司关系的紧密程度，即财务顾问与公司曾经合作的次数。
Rep	投行的声誉。投行的声誉。以公司并购前一年投行完成的并购交易金额排名前十作为高声誉组，赋值为 1；而其他的投行作为低声誉组，赋值为 0。
Lev	公司的财务风险。公司的资产负债率。
CF	公司的现金流量。公司的现金流/公司总资产
Size	公司的规模。公司总资产的自然对数。
MB	公司的市账比。公司的市值/公司的资产账面价值。
State	公司的所有权性质。哑变量，国有控股公司赋值为 1，民营上市公司赋值为 0。
Rsize	交易规模。并购交易金额/收购方并购前一年末总资产。
Stockpay	支付方式是否包括股票。哑变量，如果支付方式包括股票取 1，否则取 0。
Rele	是否关联交易。哑变量，如果并购属于关联交易则赋值为 1，否则为 0。
Year	年度哑变量。当数据来自 2009 年时，Year1 = 1，其余年份为 0，其他变量依次类推。

6.4　实证结果

6.4.1　描述性统计

表 6 - 2 报告了本书主要变量的描述性统计结果。从表 6 - 2 可以看到，样本公司的并购溢价水平（Premium）平均是标的公司净资产的 5.5 倍左右，中位数为 2.775，说明一半以上的公司

在并购时支付了超过标的公司净资产2.7倍以上的价格；另外，我国上市公司完成并购需要的时间较长，平均为242.5天，中位数也达到了201天。Rela1和Rela2的平均值为0.43和0.53左右，说明在接近一半的并购中，公司选择了有“关系”的投行作为财务顾问，表明在我国上市公司选择有“关系”的投行作为财务顾问比较普遍。Rep的平均值为0.37左右，中位数为0，即公司聘请的财务顾问中高声誉的投行所占比例不大。另外，从交易特征来看，上市公司发起的并购交易规模（Rsize）平均为公司总资产的90%左右，但是标准差为1.95，说明不同并购事件规模差别很大；大部分的并购交易支付方式都包括股份支付(Stockpay的均值为0.93左右)；超过一半以上的并购为关联交易。其他关于公司特征的变量分布也都在合理的范围内。

表6-2　　　　主要变量的描述性统计

变量	样本数	平均值	中位数	标准差	最小值	最大值
Premium	421	5.500	2.775	8.968	-0.997	21.309
Time	363	242.785	201	144.212	25	854
Rela1	421	0.428	0	0.495	0	1
Rela2	421	0.525	0	0.692	0	4.000
Rep	421	0.371	0	0.484	0	1
Level	421	0.311	0.264	0.213	0.003	0.956
CF	421	-0.059	-0.041	0.143	-0.754	0.309
Size	421	21.411	21.249	1.028	18.886	24.607
MB	421	3.196	2.588	2.135	0.998	15.065
State	421	0.276	0	0.447	0	1
Rsize	421	0.927	0.312	1.956	0.022	15.903
Stockpay	421	0.938	1	0.241	0	1
Rele	421	0.591	1	0.492	0	1

注：AVG的单位为亿元。

6.4.2　单变量分析

在回归分析之前，本书首先对假设 H1 和 H2 做了初步的单变量分析。按照投行与公司是否有“关系”分为两组，对主要变量进行了组间的均值 t 检验和中位数 Wilcoxon 秩和检验，相关结果如表 6－3 所示。

从表 6－3 可以看出，在投行与公司有“关系”组中，并购溢价水平（Premium）的均值和中位数为 5.036 和 2.008，小于这两个指标在没有关系一组中的均值和中位数（5.408 和 2.508），有“关系”的投行所在的组并购溢价平均而言略低。其次，在投行与公司有“关系”组中，并购持续时间（Time）的均值为 222.644，中位数为 193；而在投行与公司没有“关系”一组中，并购持续时间（Time）的均值为 256.335，中位数为 208，且两组均值的差异在 1% 水平上显著，说明不考虑其他因素的影响下，有“关系”的投行参与的并购持续时间较短。另外，有“关系”的投行所参与的并购在收购方的公司特征以及并购交易特征上也存在一定差异，比如公司的现金流量（CF）、并购交易规模（Rsize）等，由于这些因素也会影响公司并购溢价水平和持续时间（Hayward and Hambrick，1997；Rau，2000；Shleifer and Vishny，2003；Golubov et al.，2012；葛伟杰等，2014），因此，需要在回归分析中控制其他因素的影响，以得到更可信的结论。

表 6－3　　单变量分析

变量	没有“关系”组			有“关系”组			差异 T/Z 检验	
	样本量	均值	中位数	样本量	均值	中位数	T 检验	Z 检验
Premium	241	5.408	2.508	180	5.036	2.008	0.924	0.768
Time	203	256.335	208.000	160	222.644	193.000	2.214***	1.725*

续表

变量	没有“关系”组			有“关系”组			差异 T/Z 检验	
	样本量	均值	中位数	样本量	均值	中位数	T 检验	Z 检验
Rep	241	0.000	0.000	180	1.000	1.000	-2.783***	-2.762***
Level	241	0.000	0.000	180	1.228	1.000	1.362	1.075
CF	241	0.311	0.000	180	0.450	0.000	2.122**	3.458***
Size	241	0.325	0.285	180	0.293	0.234	-1.063	-1.171
MB	241	-0.047	-0.022	180	-0.076	-0.059	0.049	0.352
State	241	21.372	21.242	180	21.464	21.256	1.145	1.145
Rsize	241	3.200	2.588	180	3.189	2.581	2.352***	3.515***
Stockpay	241	0.295	0.000	180	0.250	0.000	-0.007	-0.007
Rele	241	1.117	0.394	180	0.672	0.268	4.977***	4.843***

注：***、**、*分别表示在1%、5%、10%水平上显著。

6.4.3 相关性分析

表6-4计算了各主要变量的 Pearson 相关系数。Rela1 和 Premium 的相关系数为-0.045；Rela2 和 Premium 的相关系数为-0.044，这在一定程度上说明不考虑其他因素的情况下，投行-公司间关系与公司并溢价水平是负相关的。指标 Rela1 和 Rela2 与 Time 的相关系数分别为-0.125 和-0.148，在1%的水平上显著。两个“关系”指标（Rela1 和 Rela2）的相关系数为0.88，且在1%的水平上显著，说明用这两个指标来衡量“关系”具有较高的一致性。除此之外，解释变量和控制变量之间的相关系数都较小（绝对值都不超过0.4），说明主要变量之间并无较强的相关性，因此在回归分析中出现多重共线性问题的可能性较小。

表6-4　　主要变量的 Pearson 相关系数

	Premium	Time	Rela1	Rela2	Rep	Level	CF	Size	MB	State	Rsize	stockpay
Premium	1											
Time	-0.116 **	1										
Rela1	-0.045	-0.125 **	1									
Rela2	-0.044	-0.148 ***	0.879 ***	1								
Rep	0.043	0.093 *	0.142 ***	0.115 **	1							
Level	-0.179 ***	0.112 **	-0.074	-0.054	-0.003	1						
CF	-0.054	0.169 ***	-0.100 **	-0.076	0.026	0.152 ***	1					
Size	-0.143 ***	-0.023	0.045	0.108 **	0.106 **	0.316 ***	0.108 **	1				
MB	0.241 ***	0.056	-0.003	-0.024	-0.021	-0.208 ***	-0.038	-0.527 ***	1			
State	-0.206 ***	0.253 ***	-0.049	-0.061	0.088 *	0.246 ***	0.204 ***	0.371 ***	-0.264 ***	1		
Rsize	0.032	0.217 ***	-0.113 **	-0.121 **	0.072	-0.021	0.133 ***	-0.370 ***	0.402 ***	-0.062	1	
Stockpay	-0.057	0.092 *	0.002	0.024	-0.048	0.01	0.083 *	-0.07	0.085 *	-0.041	0.045	1
Rele	-0.112 **	0.284 ***	-0.239 ***	-0.187 ***	0.137 ***	0.240 ***	0.185 ***	0.099 **	-0.04	0.285 ***	0.253 ***	0.108 **

注：***、**、*分别表示在1%、5%、10%水平上显著。

6.4.4 回归分析

（1）投行 - 公司间关系与并购溢价

表 6 - 5 报告了投行 - 公司间关系对并购溢价的影响。在第一列中，Rela1 的系数为 - 1.5 左右，在 5% 的水平上显著，说明投行与收购方有“关系”时，平均而言，公司的并购溢价水平降低了 150%；另外，Rela2 的系数也为负，并且在 1% 的水平上显著，说明投行与收购方的“关系”越紧密，公司并购溢价水平越低。从控制变量来看，公司财务杠杆水平（Lev）越高，则并购溢价越低，支持了代理理论假说（Jensen，1986）；公司市账比（MB）越高，说明公司股价被高估的时候，目标方会要求更高的并购溢价；国有企业的并购溢价水平也相对更低。

由此可见，有“关系”的投行作为公司并购财务顾问时，会以收购方股东价值最大化为首要目标，而不是仅仅以完成并购交易为目标，尽量压低收购价格从而维持这种长期关系；并且，当投行与公司间的信息不对称程度降低时，投行在谈判中能帮助目标公司更加了解收购方的真实价值，从而避免目标公司低估收购方的股票价值从而向并购方要求更高的并购溢价。综上，投行 - 公司间关系与并购溢价负相关，与假设 H1 的预期一致。另外，由于有“关系”的财务顾问降低了公司并购的溢价水平，而通常并购溢价越低，目标方越不容易接受协议价格，并购成功的概率会越低（Kisgen and Song，2009），这一负向效应的存在可能与本书第 5 章中认为投行 - 公司间关系能提高并购成功概率相互抵消，从而导致“关系”对并购成功概率的影响不显著。但是，投行 - 公司间关系确实降低了并购溢价水平，从而为收购方创造了更多的价值。

表6-5 投行-公司间关系与并购溢价水平

变量	(1)	(2)
常数项	0.480 (0.034)	-0.719 (-0.052)
Rela1	-1.511 ** (-2.629)	
Rela2		-0.981 *** (-3.268)
Rep	1.199 * (1.959)	1.114 * (1.836)
Level	-4.549 *** (-4.581)	-4.571 *** (-4.738)
CF	0.936 (0.271)	1.055 (0.296)
Size	0.217 (0.398)	0.265 (0.492)
MB	0.936 *** (5.016)	0.937 *** (5.059)
State	-2.298 *** (-4.426)	-2.371 *** (-4.446)
Rsize	-0.164 (-0.936)	-0.166 (-0.984)
Stockpay	-2.735 (-0.879)	-2.728 (-0.882)
Rele	-0.910 (-1.063)	-0.787 (-0.885)
Year	控制	控制
N	421	421
R^2	0.124	0.123

注：括号内为经过行业聚类调整后的t值，***、**、*分别表示在1%、5%、10%水平上显著。

（2）投行 – 公司间关系与并购持续时间

表 6 – 6 列示了投行 – 公司间关系对并购持续时间的影响。从第一列可以看出，Rela1 的系数为 – 24. 258，且在 1% 的水平上显著，说明公司在并购中聘请有“关系”的投行作为财务顾问，能显著缩短并购持续时间达到 24 天左右。而第二列和第三列分别列示了并购最终成功的样本和失败的样本的回归结果，在这两列中，Rela1 的系数都在 1% 的水平上显著为负，那么无论是对于最终成功的并购还是最终失败的并购而言，有“关系”的投行都能显著提高完成并购的效率。并且，在并购成功的样本中，Rela1 的系数为 – 19 左右，而在并购失败的样本中，Rela1 的系数为 – 91 左右，组间系数差异的 Wald 检验在 1% 水平上显著。说明如果公司发起的并购很可能最终失败，有“关系”的财务顾问会更快识别这一情况，尽快终止该项并购。同样地，无论在全样本还是并购成功的样本中，Rela2 的系数也都在 1% 水平上显著为负，在并购失败的样本中也达到了 5% 的显著水平，说明投行与公司关系越紧密，合作次数越多，则越了解上市公司，因此完成并购的速度更快，并购持续的时间越短。

另外，从控制变量上来看，影响并购持续时间的主要是投行的相关特征和并购交易特征：并购规模（Rsize）越大，持续时间越长，因为规模大的并购需要花费更多时间尽职调查，完成交易需要付出更多的努力；支付方式包括股份支付的并购（Stock-pay）持续时间也越长，因为采取股权支付方式的并购比起纯现金支付的并购通常较为复杂，信息不对称程度更高；而高声誉的投行完成并购也需要更长的时间，这可能是由于高声誉的投行参与并购交易时，由于考虑到自己的声誉因此会花更多的时间来评估交易条款，更加小心谨慎（Golubov et al.，2012）。

综上所述，上市公司在并购中聘请有“关系”的投行作为财务顾问能够降低双方的信息不对称程度，从而缩短并购持续的时间，提高并购给公司创造的价值。

表6－6　　　　投行－公司间关系与并购持续时间

变量	(1)	(2)	(3)	(4)	(5)	(6)
	全样本	失败样本	成功样本	全样本	失败样本	成功样本
常数项	341.474 (1.610)	114.680 (0.126)	406.994*** (3.100)	320.957 (1.465)	-223.992 (-0.223)	402.956** (2.970)
Rela1	-24.258*** (-5.335)	-91.011*** (-4.197)	-18.833*** (-4.878)			
Rela2				-16.608*** (-3.086)	-56.006*** (-4.764)	-11.918** (-2.221)
Rep	31.133*** (6.758)	21.141 (1.024)	30.029*** (4.973)	29.651*** (6.010)	20.969 (1.260)	28.371*** (4.493)
Size	2.946 (0.272)	17.616 (0.474)	0.276 (0.035)	3.837 (0.345)	31.341 (0.752)	0.510 (0.063)
MB	1.250 (0.364)	-9.863 (-0.427)	1.859 (0.820)	1.277 (0.370)	-7.225 (-0.297)	1.803 (0.796)
Rsize	37.341*** (4.715)	2.396 (0.057)	37.529** (3.043)	35.946*** (4.896)	-11.721 (-0.270)	37.227*** (3.058)
State	6.998 (1.766)	13.336 (1.553)	6.783 (1.669)	6.913 (1.711)	13.178 (1.344)	6.669 (1.618)
Rele	-34.325* (1.844)	-80.126 (1.562)	-36.050 (1.676)	-33.662* (1.871)	-89.782 (1.808)	-35.269 (1.682)
Stockpay	33.641*** (3.643)	-30.916 (-1.276)	35.024*** (4.713)	35.550*** (3.920)	-12.156 (-0.496)	36.259*** (5.071)
Year	控制	控制	控制	控制	控制	控制
N	365	56	309	365	56	309
R^2	0.389	0.493	0.406	0.389	0.496	0.406

注：括号内为经过行业聚类调整后的t值，***、**、*分别表示在1%、5%、10%水平上显著。

6.4.5 进一步分析

由前文分析可知，关系降低了公司与投行间的信息不对称程度，从而帮助投行为收购方设计更好的并购交易方案，也能在谈判中帮助目标方更好地了解收购方的真实情况，由此降低了并购溢价水平，缩短了并购持续时间。那么与第5章相似，本书可以推断，投行-公司间关系主要在信息不对称程度较高的情况下发挥作用。

第一，分析师跟踪人数往往被认为公司信息环境的重要指示器，代表着资本市场对公司的关注程度（Lang et al.，2003）。已有研究认为分析师跟踪人数是市场获取公司私有信息的一个主要代理变量：Shores（1990）研究发现分析师能在公司年度盈余宣告前给市场提供过渡信息，因此分析师跟踪人数可视为公司在年度中期可获得信息多少的代理变量；Brennan and Hughe（1991）认为分析师跟踪人数能反应市场能获得的公司信息总量，因此在股票分割和信息披露模型构建中加入了这一变量。第二，Frank and Goyal（2003）认为高市账比（MB）的公司通常拥有更多的未来增长机会，相对而言信息不对称程度更高。并且，由于市账比高的公司其股票价格较高，如果采用股票支付的方式进行并购更容易给目标方传递一种公司股票价格被高估的信号，信息不对称程度也更高（Myers and Majluf，1984）。第三，Rajan and Zingales（1995）指出，公司规模也是信息不对称程度的代表。因为通常情况下，大公司披露的公开信息越多，跟随的分析师也较多，受关注的程度更高，所以大公司的信息不对称程度相对小公司来讲更低。因此，本书将分析师跟踪人数、市账比（MB）、公司规模作为公司信息不对称程度的替代变量，并按照信息不对称程度对研究样本进行分组：（1）如果公司的分析师跟踪人数小于或等于样本中位数，则该公司的信息不对称程度较高；反之，公司分析师跟踪人数大于样本中位数，则信息不对称程度较低。(2) 如果公司的市账比大于或等于样本中位数，则信息不对称程度较高；公司市账比小于样本中位数，则信息不对称程度较低。(3) 如果公司规模小于或等于样本规模的中位数，则信息不对称程度较高；反之，公司规模大于样本公司规模的中位数，则信息不对称程度较低。

基于上述原因，本书按照公司分析师跟踪人数多少、市账比高低以及规模大小来衡量公司的信息不对称程度，按信息不对称程度高低将总样本分成两组，然后分别对信息不对称程度高的组和信息不对称程度低的组重新进行回归，比较两组之间的回归系数是否有差异。

(1) 按公司分析师跟踪人数分组检验的结果

按公司分析师跟踪人数对投行 - 公司间关系与并购绩效的分组回归检验结果如表 6 - 7 所示，模型 (1)、(2) 分别报告了分析师跟踪人数较少的一组的回归结果。从模型 (1) 中可以看出，关系 (Rela1) 的回归系数为 - 1.831，在 1% 的水平上显著为负，说明信息不对称程度较高时，有“关系”的财务顾问有助于降低并购溢价；模型 (2) 中的关系 (Rela2) 的回归系数同样为负，并且在 1% 的水平上显著。这说明对信息不对称程度较高的公司而言，投行与公司关系越紧密，越能帮助公司压低收购价格。表 6 - 7 的模型 (3)、(4) 分别报告了信息不对称程度较低的组的回归结果，其结果与信息不对称较高的组恰好完全相反。在模型 (3)、(4) 中，关系 (Rela1 和 Rela2) 的系数变得不显著，这说明信息不对称程度较低时，有“关系”的财务顾问并没有帮助公司显著降低并购溢价水平。也是因为这一作用机制，在第 5 章中，只有当公司信息不对称程度较高时，并购绩效才得到了提升，并购成功概率却没有得到提升；但是在公司信息不对称程度较低时对并购绩效并没有影响，并购成功概率反而得到了提升。

表6-7　按公司分析师跟踪人数分组检验：投行-公司间关系与并购溢价水平

	(1)	(2)	(3)	(4)
	分析师跟踪人数较少的组		分析师跟踪人数较多的组	
常数项	-10.371 (-0.685)	-12.673 (-0.829)	7.457 (0.340)	6.895 (0.313)
Rela1	-1.831*** (-2.688)		-1.301 (-0.907)	
Rela2		-1.123*** (-4.180)		-0.970 (-0.836)
Rep	2.290*** (3.845)	2.119*** (3.442)	-0.077 (-0.053)	-0.103 (-0.072)
Level	-3.412 (-1.124)	-3.494 (-1.114)	-3.326 (-1.047)	-3.316 (-1.043)
CF	-1.111 (-0.392)	-1.052 (-0.382)	-1.336 (-0.223)	-1.180 (-0.197)
Size	0.463 (0.628)	0.558 (0.744)	0.149 (0.163)	0.175 (0.190)
MB	0.728* (1.665)	0.720 (1.642)	1.146** (2.492)	1.149** (2.498)
State	-2.257*** (-4.765)	-2.477*** (-5.342)	-3.047* (-1.800)	-3.036* (-1.792)
Rsize	0.976*** (5.420)	1.024*** (5.710)	-0.251 (-1.100)	-0.254 (-1.113)

续表

	(1)	(2)	(3)	(4)
	分析师跟踪人数较少的组		分析师跟踪人数较多的组	
Stockpay	3.448***	3.567***	－11.471***	－11.523***
	(3.789)	(4.089)	(－3.563)	(－3.581)
Rele	－2.006*	－1.817*	－0.514	－0.437
	(－2.155)	(－1.880)	(－0.320)	(－0.274)
Year	控制	控制	控制	控制
N	224	224	197	197
R^2	0.140	0.139	0.237	0.236

注：括号内为经过行业聚类调整后的t值，***、**、*分别表示在1%、5%、10%水平上显著。

按公司分析师跟踪人数对投行－公司间关系与并购持续时间的分组检验结果如表6－8所示，模型（1）、（2）分别报告了公司信息不对称程度较高的组的回归结果。从模型（1）中可以看出，关系（Rela1）的回归系数为－26.79，在5%的水平上显著，说明信息不对称程度较高时，有“关系”的财务顾问能显著缩短并购持续时间；模型（2）中的关系（Rela2）的回归系数同样为负，并且在5%的水平上显著。这说明对信息不对称程度较高的公司而言，投行与公司间的关系越紧密，完成并购的速度越快、效率越高。表6－8的模型（3）、（4）分别报告了信息不对称程度较低的组的回归结果，关系（Rela1和Rela2）的回归系数变得不显著，这说明信息不对称程度较低时，有“关系”的财务顾问并没有显著缩短并购持续时间，提高并购效率。因此，在第5章中，只有在公司信息不对称程度较高时，有“关系”的财务顾问才能为公司并购创造更多的价值。

表 6-8　按公司分析师跟踪人数分组检验：投行-公司间关系与并购持续时间

	(1)	(2)	(3)	(4)
	分析师跟踪人数较少的组		分析师跟踪人数较多的组	
常数项	500.640** (2.635)	491.147** (2.596)	158.902 (0.472)	149.172 (0.439)
Rela1	-26.790** (-2.552)		-6.124 (-0.688)	
Rela2		-20.126** (-2.491)		-6.952 (-0.877)
Rep	49.991*** (3.172)	48.882*** (3.140)	6.169 (0.564)	6.307 (0.581)
Size	-0.231 (-0.037)	0.253 (0.039)	10.067 (0.604)	10.541 (0.628)
MB	4.732 (1.707)	4.777 (1.718)	-0.474 (-0.095)	-0.524 (-0.105)
State	20.329 (1.433)	20.764 (1.480)	63.419*** (3.528)	61.786*** (3.694)
Rsize	4.434 (1.386)	4.338 (1.334)	24.976** (2.585)	24.829** (2.574)
Stockpay	71.798*** (3.883)	69.602*** (3.721)	20.619 (0.916)	21.680 (0.970)
Rele	30.870*** (3.364)	32.599*** (3.368)	24.769 (1.283)	24.638 (1.329)
Year	43.669	42.024	30.940	31.557
N	188	188	177	177
R^2	0.439	0.438	0.437	0.438

注：括号内为经过行业聚类调整后的 t 值，***、**、*分别表示在1%、5%、10%水平上显著。

（2）按市账比分组检验的结果

按市账比对投行 - 公司间关系与并购溢价水平分组检验的结果如表 6 - 9 所示，模型（1）、（2）分别报告了公司信息不对称程度较高的组的回归结果。从模型（1）中可以看出，关系（Rela1）的回归系数为 - 2.252，在 5% 的水平上显著为负，说明信息不对称程度较高时，有“关系”的财务顾问有助于降低公司并购溢价；模型（2）中的关系（Rela2）的回归系数同样为负，并且在 1% 的水平上显著。这说明对信息不对称程度较高的公司而言，投行与公司关系越紧密，越能帮助公司压低收购价格。表 6 - 8 的模型（3）、（4）分别报告了信息不对称程度较低的组的回归结果，其结果与信息不对称较高的组恰好完全相反。在模型（3）、（4）中，关系（Rela1 和 Rela2）的系数变得不显著，这说明信息不对称程度较低时，有“关系”的财务顾问并没有帮助公司显著降低并购溢价水平。也是因为这一作用机制，在第 5 章中，只有当公司信息不对称程度较高时，并购绩效才得到了提升，并购成功概率却没有得到提升；但是在公司信息不对称程度较低时对并购绩效并没有影响，并购成功概率反而得到了提升。

表 6 - 9　按市账比（MB）分组检验：投行 - 公司间关系与并购溢价水平

	市账比高的组		市账比低的组	
	（1）	（2）	（3）	（4）
常数项	3.742 （0.144）	0.190 （0.007）	5.920 （0.700）	5.426 （0.661）
Rela1	- 2.252 ** （ - 2.983）		- 0.548 （ - 0.711）	

续表

	市账比高的组		市账比低的组	
	(1)	(2)	(3)	(4)
Rela2		−1.509*** (−3.755)		−0.328 (−0.823)
Rep	2.444** (2.423)	2.302* (2.010)	0.214 (0.309)	0.182 (0.264)
Level	−5.560* (−2.046)	−5.563* (−2.112)	−3.529 (−1.519)	−3.513 (−1.516)
CF	−2.482 (−0.534)	−2.308 (−0.482)	3.601** (2.314)	3.651** (2.242)
Size	0.276 (0.374)	0.453 (0.593)	−0.085 (−0.263)	−0.070 (−0.222)
MB	0.841*** (3.563)	0.841*** (3.552)	−0.156 (−0.190)	−0.127 (−0.156)
State	−5.149*** (−4.271)	−5.211*** (−4.296)	−0.983 (−1.472)	−1.014 (−1.451)
Rsize	−0.168 (−0.632)	−0.171 (−0.666)	−0.205 (−1.525)	−0.194 (−1.692)
Stockpay	−10.895 (−0.983)	−11.022 (−0.996)	0.910 (0.920)	0.920 (0.922)
Rele	−0.440 (−0.294)	−0.202 (−0.144)	−1.466 (−1.614)	−1.424 (−1.536)
Year	控制	控制	控制	控制
N	215	215	206	206
R^2	0.138	0.138	0.089	0.089

注：括号内为经过行业聚类调整后的t值，***、**、*分别表示在1%、5%、10%水平上显著。

按市账比对投行 - 公司间关系与并购持续时间的分组检验的结果如表 6 - 10 所示，模型（1）、（2）分别报告了公司信息不对称程度较高的组的回归结果。从模型（1）中可以看出，关系（Rela1）的回归系数为 - 31.734，在 5% 的水平上显著，说明信息不对称程度较高时，有“关系”的财务顾问能显著缩短并购持续时间；模型（2）中的关系（Rela2）的回归系数同样为负，并且在 1% 的水平上显著。这说明对信息不对称程度较高的公司而言，投行与公司间的关系越紧密，完成并购的速度越快、效率越高。表 6 - 10 的模型（3）、（4）分别报告了信息不对称程度较低的组的回归结果，关系（Rela1 和 Rela2）的回归系数变得不显著，这说明信息不对称程度较低时，有“关系”的财务顾问并没有显著缩短并购持续时间、提高并购效率，因此，在第 5 章中，只有在公司信息不对称程度较高时，有“关系”的财务顾问才能为公司并购创造更多的价值。

表 6 - 10　按市账比（MB）分组检验：投行 - 公司间关系与并购持续时间

	市账比高的组		市账比低的组	
	（1）	（2）	（3）	（4）
常数项	754.408*** (3.335)	720.983** (2.847)	-42.300 (-0.164)	-67.744 (-0.270)
Rela1	-31.734** (-2.297)		-19.207 (-1.085)	
Rela2		-19.133* (-1.771)		-15.412 (-1.411)
Rep	36.925*** (7.041)	34.118*** (5.517)	34.257*** (4.195)	34.620*** (4.204)

续表

	市账比高的组		市账比低的组	
	(1)	(2)	(3)	(4)
Size	-8.274 (-0.653)	-6.524 (-0.466)	15.319 (1.338)	16.231 (1.441)
MB	1.196 (0.752)	1.114 (0.725)	23.447** (2.276)	25.164** (2.505)
State	6.010* (1.949)	5.872 (1.782)	21.904* (1.806)	21.463 (1.761)
Rsize	22.902 (0.967)	21.769 (0.987)	44.098*** (3.330)	43.057*** (3.379)
Stockpay	26.471** (2.467)	30.750** (3.168)	26.571** (2.198)	27.869* (2.062)
Rele	42.720 (0.871)	39.358 (0.854)	40.016** (2.311)	40.325** (2.257)
Year	控制	控制	控制	控制
N	187	187	178	178
R^2	0.509	0.506	0.338	0.340

注：括号内为经过行业聚类调整后的t值，***、**、*分别表示在1%、5%、10%水平上显著。

（3）按公司规模分组检验的结果

投行-公司间关系与并购溢价水平按公司规模分组回归检验的结果如表6-9所示，模型（1）、（2）分别报告了公司规模较小，也就是信息不对称程度较高的组的回归结果。从模型（1）中可以看出，关系（Rela1）的回归系数为-1.811，在1%的水平上显著为负，说明当公司规模较小的时候，有“关系”的财务顾问有助于降低公司并购溢价；模型（2）中的关系（Rela2）的回归系数同样为负，并且在1%的水平上显著。这说明投行与公司间的关系越紧密，越能帮助公司压低收购价格。表6－9的模型（3）、（4）分别报告了信息不对称程度较低的组的回归结果，其结果与信息不对称较高的组恰好完全相反。在模型（3）、（4）中，关系（Rela1和Rela2）的系数变得不显著，这说明信息不对称程度较低时，有“关系”的财务顾问并没有帮助公司显著降低并购溢价水平。也是因为这一作用机制，在第5章中，对于规模较小的公司而言，投行－公司间关系对并购绩效有显著的提升作用，而并购成功概率却因为并购价格的降低没有得到显著提升；相反，对规模较大的公司，投行－公司间关系对并购绩效并没有显著影响，但是却对并购成功概率有一定的正向影响。

表6－11　　按公司规模分组检验：投行－公司间关系与并购溢价水平

变量	(1)	(2)	(3)	(4)
	规模较小的组		规模较大的组	
常数项	14.297 (0.382)	13.312 (0.354)	-11.454 (-0.799)	-12.561 (-0.873)
Rela1	-1.811*** (-3.157)		-1.494 (-1.687)	
Rela2		-1.209*** (-3.130)		-0.910 (-1.626)
Rep	2.597*** (3.707)	2.537*** (3.313)	-0.511 (-0.563)	-0.640 (-0.715)
Level	-4.130 (-1.268)	-4.124 (-1.297)	-4.992** (-2.250)	-5.039** (-2.271)
CF	1.959 (0.517)	2.134 (0.561)	-0.799 (-0.244)	-0.704 (-0.215)

续表

变量	(1)	(2)	(3)	(4)
	规模较小的组		规模较大的组	
Size	-0.350 (-0.219)	-0.310 (-0.192)	0.643 (1.016)	0.687 (1.082)
MB	1.081*** (3.659)	1.076*** (3.700)	0.550 (1.494)	0.579 (1.573)
State	-3.753*** (-4.842)	-3.782*** (-4.994)	-1.645* (-1.672)	-1.747* (-1.772)
Rsize	-0.237 (-0.994)	-0.240 (-1.034)	-0.018 (-0.022)	0.026 (0.032)
Stockpay	-8.282** (-2.618)	-8.232** (-2.592)	2.622 (1.499)	2.555 (1.463)
Rele	-0.855 (-0.775)	-0.705 (-0.721)	-0.925 (-0.916)	-0.798 (-0.798)
Year	控制	控制	控制	控制
N	213	213	208	208
R^2	0.147	0.145	0.133	0.133

注：括号内为经过行业聚类调整后的t值，***、**、*分别表示在1%、5%、10%水平上显著。

投行-公司间关系与并购持续时间按公司规模分组回归检验的结果如表6-10所示，模型（1）、（2）分别报告了公司规模较小，信息不对称程度较高的组的回归结果。从模型（1）中可以看出，关系（Rela1）的回归系数为-31.706，在10%的水平上显著，说明信息不对称程度较高时，有“关系”的财务顾问能显著缩短并购持续时间；模型（2）中的关系（Rela2）的回归系数同样为负，并且在5%的水平上显著，这说明对信息不对称程度较高的公司而言，投行与公司间的关系越紧密，完成并购的速度越快、效率越高。表6－10的模型（3）、（4）分别报告了信息不对称程度较低的组的回归结果，关系（Rela1和Rela2）的回归系数变得不显著，这说明信息不对称程度较低时，有“关系”的财务顾问并没有显著缩短并购持续时间、提高并购效率，因此，在第5章中，只有在公司规模较小，信息不对称程度较高时，有“关系”的财务顾问才能为公司并购创造更多的价值。

表6－12　　按公司规模分组检验：投行－公司间关系与并购持续时间

变量	(1)	(2)	(3)	(4)
	规模较小的组		规模较大的组	
常数项	1067.034***	1048.483***	365.307	354.531
	(5.502)	(5.118)	(1.420)	(1.402)
Rela1	−31.706*		−8.083	
	(−1.775)		(−0.591)	
Rela2		−22.063**		−10.574
		(−2.321)		(−1.032)
Rep	47.320***	46.124***	24.069*	24.553**
	(4.178)	(4.588)	(2.096)	(2.251)
Size	−25.522**	−24.725**	0.432	0.963
	(−2.702)	(−2.496)	(0.037)	(0.084)
MB	0.637	0.545	−5.237	−5.245
	(0.228)	(0.188)	(−0.765)	(−0.778)
State	34.493	33.390	34.847**	33.791**
	(1.324)	(1.302)	(2.448)	(2.433)

续表

变量	(1)	(2)	(3)	(4)
	规模较小的组		规模较大的组	
Rsize	5.215 (1.715)	5.118 (1.592)	53.158*** (3.507)	51.934*** (3.309)
Stockpay	48.260 (1.281)	49.307 (1.314)	0.770 (0.032)	1.604 (0.064)
Rele	28.091* (2.225)	31.052** (2.235)	30.291** (2.273)	30.031** (2.214)
Year	控制	控制	控制	控制
N	182	182	183	183
R^2	0.531	0.530	0.343	0.346

注：括号内为经过行业聚类调整后的t值，***、**、*分别表示在1%、5%、10%水平上显著。

6.5 稳健性检验

6.5.1 关于内生性问题

选择哪家投行作为公司并购的财务顾问这一决策很大程度上取决去公司和投行自身，因此本书可能出现自选择带来的内生性问题。并且，如表6－3所示，聘请有“关系”和没有“关系”的财务顾问参与的并购事件在公司特征和交易特征上也有一定的差别，因此可能出现由于其他遗漏变量带来的内生性问题。为了解决以上问题，本书借鉴Masulis and Mobbs（2011），Song et al.（2013），覃家琦和邵新建（2015）的做法，采用处理效应模型

(treatment effect model) 控制内生性问题。

处理效应模型 (treatment effect model) 是 Maddala (1983) 是遵循 Heckman (1979) 提出的样本选择模型进一步研究出来控制内生性的方法。然而，Heckman (1979) 的模型在第二阶段容易出现多重共线性问题，Maddala (1983) 的估计方法会更为可靠。处理效应模型同样采用两阶段估计法。

第一阶段：用 Probit 模型估计方程 $P(D_i = 1 \mid Z_i) = \Phi(Z_i\delta)$，估计出 λ_i。

第二阶段：用 OLS 回归估计方程：$Y_i = X_i\beta + \gamma D_i + \rho\sigma\lambda_i$，得到系数 β，γ，$\rho\sigma$ 的估计值。

其中，Z_i 可以与 X_i 有重叠的变量，但是 Z_i 中至少有一个变量比如 z_{1i} 不直接影响结果变量 Y_i，只是影响个体是否选择 $D_i = 1$。

本书选择一个与是否选择有"关系"的投行作为财务顾问相关的外生变量：投行上一次参与公司 IPO、SEO 及并购至这一次参与公司并购的时间间隔长短 (Gap)。外生变量需要满足的条件是：不直接影响 Y_i，只通过 D_i 影响 Y_i。那么，如果不选择有"关系"的那个投行，这一次并购与上一次与投行合作时间的间隔便不会影响并购的经济后果。接着，将时间间隔长短 (Gap) 与另外两个影响投行是否被选择的变量投行声誉 (Rep) 与是否关联交易 (Rele) 放入第一阶段的选择模型中。首先通过 Probit 选择模型，估计出 λ，再将 λ 带入到第二阶段的回归模型中得到估计系数。然而，两步法虽然简便，但是会导致效率损失，本书不仅采用两步法进行估计，也采用更有效率的极大似然法 (MLE) 同时估计所有模型的参数。

首先，如表 6 - 11 中的第二、四两列所示，时间间隔 (Gap)、投行声誉 (Rep) 以及是否关联交易 (Rele) 的系数与是否选择有关系的财务顾问都在 1% 的水平上正相关，说明这两个变量确实影响收购方是否选择有关系的财务顾问。从列（1）和列（3）可以看出，在关于并购溢价和并购持续时间两个模型中，λ 的系数分别在 10% 和 1% 的水平上显著，说明这两个模型存在一定的内生性问题。表 6－13 的列（1）和列（3）将 λ 带入第二阶段对模型进行修正以后，Rela1 与并购溢价（Premium）的系数仍然在 5% 的水平上显著为负，与并购持续时间（Time）的系数也仍然在 5% 的水平上显著为负，说明有“关系”的投行作为并购财务顾问能显著降低并购溢价，缩短并购持续时间。另外，表 6－12 采用 MLE 的估计结果与两步法类似，关于并购溢价以及并购持续时间的两个模型，表 6－14 底部的似然比检验拒绝了原假设（Chi2 分别为 1.74 和 4.62），分别在 10% 和 1% 的水平上显著，那么这两个模型存在一定的内生性问题，但是在控制了内生性问题以后，两个模型中 Rela1 与并购溢价水平的回归系数仍然在 5% 的水平上显著为负；与并购持续时间的回归系数也在 10% 的水平上显著为负。由此可见，在采用处理效应模型控制内生性问题以后，本书之前的结论不变。

表 6－13　投行－公司间关系对公司并购的影响——处理效应模型（两步法估计）

变量	并购溢价水平		并购持续时间	
	第二阶段	选择模型	第二阶段	选择模型
常数项	6.263 (0.519)	0.269 ** (2.292)	508.399 *** (2.810)	0.255 ** (2.065)
Rela1	－9.688 ** (－2.038)		－245.680 ** (－2.507)	
Rep	2.775 ** (2.128)	0.495 *** (3.671)	70.935 *** (2.905)	0.467 *** (3.241)

续表

变量	并购溢价水平		并购持续时间	
	第二阶段	选择模型	第二阶段	选择模型
Level	-5.116** (-2.366)			
CF	-0.833 (-0.330)			
Size	0.090 (0.171)		0.489 (0.066)	
MB	0.989*** (4.261)		1.374 (0.426)	
State	-2.574** (-2.393)		28.194* (1.832)	
Rsize	-0.372 (-1.452)		5.611** (2.329)	
Stockpay	-2.520 (-1.432)		41.317 (1.623)	
Rele	-2.672* (-1.758)	-0.507*** (-3.642)	-21.466 (-0.706)	-0.539*** (-3.683)
Gap		-0*** (-4.268)		-0*** (-3.306)
λ	5.144* (1.746)		139.668** (2.315)	
Year	控制		控制	
N	421	421	365	365
Wald/LR - Chi2	70.69	43.84	236.30	30.78

注：***、**、*分别表示在 1%、5%、10% 水平上显著。

表 6－14　投行－公司间关系对公司并购的影响——处理效应模型（MLE 估计法）

变量	并购溢价水平		并购持续时间	
	系数	t/z 值	系数	t/z 值
常数项	3. 189	0. 270	395. 315 ***	2. 320
Rela1	－3. 915 **	－2. 120	－102. 777 ***	－3. 160
Rep	1. 688 *	1. 790	45. 439 ***	3. 130
Level	－4. 645 **	－2. 170		
CF	－0. 579	－0. 230		
Size	0. 148	0. 280	2. 313	0. 310
MB	0. 971	4. 180	1. 296	0. 400
State	－2. 323 **	－2. 180	32. 235 ***	2. 070
Rsize	－0. 301	－1. 190	6. 313 ***	2. 410
Stockpay	－2. 652	－1. 510	37. 077	1. 440
Rele	－1. 333	－1. 280	14. 550	0. 920
Year	控制		控制	
常数项	0. 280 ***	2. 390	0. 285 ***	2. 340
Gap	－0 ***	－4. 480	－0 ***	－4. 060
Rep	0. 491 ***	3. 640	0. 458 ***	3. 190
Rele	－0. 496 ***	－3. 560	－0. 511 ***	－3. 500
λ	1. 483		49. 941	
N	421		365	
LR test of (ρ＝0)	Chi2＝1. 74 *		Chi2＝4. 62 ***	

注：***、**、* 分别表示在 1%、5%、10% 水平上显著。

6. 5. 2　采用不同收购比例的样本

由于在我国持股比例达到 30% 就能至少达到相对控股（王

化成等，2011；王艳和阚铄，2014），并且部分国外文献认为收购 100% 股权比例的并购才能体现对目标公司完全的控制（Gompers and Xuan，2009）。因此，本书选择收购比例为 30% 和 100% 的样本重新进行以上的回归分析。结果如表 6 - 15 和表 6 - 16 所示，无论是在收购比例为 30% 还是 100% 的样本中，投行 - 公司间关系变量（Rela1 和 Rela2）与并购溢价和并购持续时间均显著负相关，因此，本书结论并不因收购比例的变化而改变。

表 6 - 15　　稳健性检验：收购比例为 30% 的样本

变量	(1)	(2)	(3)	(4)
	并购溢价水平		并购持续时间	
常数项	1.965 (0.139)	0.745 (0.054)	391.280 (1.765)	366.615 (1.621)
Rela1	-1.373** (-2.272)		-22.233*** (-4.712)	
Rela2		-0.834** (-2.528)		-15.276** (-2.764)
Rep	1.081 (1.592)	0.998 (1.492)	33.126*** (7.710)	31.784*** (7.185)
Level	-4.431*** (-4.564)	-4.421*** (-4.604)		
CF	1.242 (0.396)	1.360 (0.418)		
Size	0.134 (0.237)	0.183 (0.330)	0.341 (0.030)	1.438 (0.126)
MB	0.930*** (5.989)	0.929*** (6.057)	1.406 (0.469)	1.436 (0.475)

续表

变量	(1)	(2)	(3)	(4)
	并购溢价水平		并购持续时间	
State	-2.167*** (-4.434)	-2.244*** (-4.521)	43.196*** (5.956)	41.684*** (6.179)
Rsize	-0.260 (-1.143)	-0.254 (-1.156)	7.138 (1.762)	7.087 (1.715)
Stockpay	-0.910 (-1.150)	-0.808 (-0.976)	37.084** (2.277)	36.757** (2.301)
Rele	-2.406 (-0.848)	-2.403 (-0.850)	31.177*** (3.688)	32.561*** (3.970)
Year	控制	控制	控制	控制
N	434	434	378	378
R^2	0.120	0.118	0.386	0.386

注：括号内为经过行业聚类调整后的t值，***、**、*分别表示在1%、5%、10%水平上显著。

表6-16　稳健性检验：收购比例为100%的样本

	(1)	(2)	(3)	(4)
	并购溢价		并购持续时间	
常数项	14.728 (0.906)	12.821 (0.814)	401.307* (1.962)	382.792* (1.799)
Rela1	-2.243** (-2.524)		-22.251** (-2.397)	
Rela2		-1.407*** (-3.186)		-15.706* (-1.701)
Rep	0.940 (1.428)	0.834 (1.279)	31.891*** (3.867)	31.287*** (3.331)

续表

	(1)	(2)	(3)	(4)
	并购溢价		并购持续时间	
Level	-3.947** (-2.665)	-4.082** (-2.867)		
CF	-0.271 (-0.053)	-0.136 (-0.025)		
Size	0.008 (0.014)	0.079 (0.137)	-0.381 (-0.034)	0.338 (0.029)
MB	1.087*** (6.192)	1.073*** (5.943)	-3.468 (-1.728)	-3.560 (-1.778)
State	-2.210*** (-3.242)	-2.355*** (-3.332)	64.585*** (6.464)	62.529*** (5.851)
Rsize	-0.475 (-1.302)	-0.461 (-1.302)	17.254*** (7.105)	17.293*** (7.152)
Stockpay	-1.365 (-1.328)	-1.170 (-1.089)	48.793*** (3.232)	50.002*** (3.146)
Rele	-10.621** (-2.752)	-10.473** (-2.780)	16.112 (1.370)	17.810 (1.563)
Year	控制	控制	控制	控制
N	319	319	281	281
R^2	0.160	0.158	0.410	0.410

注：括号内为经过行业聚类调整后的t值，***、**、*分别表示在1%、5%、10%水平上显著。

6.5.3　更换度量指标

(1) 更换并购持续时间度量指标

为了缩小并购持续时间的绝对数值，本书对其取对数后重新进行回归。结果如表6－17所示，无论是最终成功还是失败的并购，关系（Rela1和Rela2）与并购持续时间都显著负相关，且在1%的水平上显著，说明公司在并购中聘请有“关系”的投行作为财务顾问，能显著缩短并购持续时间。并且，关系（Rela1和Rela2）在并购失败的样本中的系数大于在并购成功的样本中的系数，这与前文的结论一致。

表6－17　　对并购持续时间取对数后的回归结果

变量	(1)	(2)	(3)	(4)	(5)	(6)
	全样本	失败样本	成功样本	全样本	失败样本	成功样本
常数项	4.564***	4.538	4.733***	4.486***	2.888	4.722***
	(6.567)	(0.996)	(11.266)	(6.263)	(0.590)	(11.060)
Rela1	−0.086***	−0.477***	−0.044**			
	(−4.119)	(−3.812)	(−2.514)			
Rela2				−0.062**	−0.262***	−0.028
				(−2.858)	(−4.676)	(−1.343)
Rep	0.127***	−0.045	0.136***	0.122***	−0.058	0.132***
	(5.669)	(−0.526)	(5.028)	(4.983)	(−0.491)	(5.213)
Size	0.039	0.099	0.028	0.042	0.164	0.029
	(1.226)	(0.545)	(1.528)	(1.292)	(0.799)	(1.534)
MB	0.007	−0.037	0.010	0.007	−0.022	0.009
	(0.508)	(−0.263)	(1.365)	(0.515)	(−0.152)	(1.329)
State	0.135*	−0.077	0.128	0.130*	−0.136	0.127
	(1.838)	(−0.477)	(1.360)	(1.817)	(−0.779)	(1.362)
Rsize	0.028*	0.061	0.028*	0.028*	0.062	0.027*
	(2.043)	(0.913)	(1.842)	(1.986)	(0.805)	(1.800)
Stockpay	0.471***	0.014	0.522***	0.469***	0.071	0.520***
	(4.604)	(0.047)	(4.618)	(4.649)	(0.259)	(4.623)

续表

变量	(1)	(2)	(3)	(4)	(5)	(6)
	全样本	失败样本	成功样本	全样本	失败样本	成功样本
Rele	0.142 ***	－0.131	0.137 ***	0.148 ***	－0.020	0.140 ***
	(3.218)	(－0.910)	(4.029)	(3.435)	(－0.114)	(4.376)
Year	控制	控制	控制	控制	控制	控制
N	365	56	309	365	56	309
R^2	0.300	0.408	0.339	0.300	0.397	0.339

注：括号内为经过行业聚类调整后的 t 值，***、**、* 分别表示在 1%、5%、10% 水平上显著。

（2）更换投行声誉的度量指标

由于我国证券业协会公布了《证券公司从事上市公司并购重组财务顾问业务执业能力专业评价结果》，将财务顾问分为 A、B、C 类，A 类为能力等级最高的一类投行，C 类为能力等级最低的一类投行，其类别划分反映了财务顾问执业能力的相对水平。由于这一评价结果为业内公认的权威评价标准，证监会在审核公司并购重组时也会考虑财务顾问的等级。基于中国的这个实际情况，对于本书另一重要变量投行声誉的度量参照这一评价结果，当投行属于 A 类财务顾问时，对 Rep 赋值为 3；当投行属于 B 类财务顾问时，对 Rep 赋值为 2；当投行属于 C 类财务顾问时，对 Rep 赋值为 1。投行声誉越高，取值越高。重新定义声誉指标并进行回归的结果如表 6－18 所示，列（1）和列（2）报告了关系与并购溢价水平的回归系数，其中 Rela1 和 Rela2 的系数都为负，且在 5% 和 1% 的水平上显著；列（3）和列（4）报告了关系与并购持续时间的回归系数，Rela1 和 Rela2 的系数也分别在 1% 和 5% 的水平上显著为负。由此可见，更换声誉变量后对于前文的结论没有影响。

表 6-18　　替换声誉变量的回归结果

	(1)	(2)	(3)	(4)
	并购溢价水平		并购持续时间	
常数项	-0.230 (-0.017)	-1.308 (-0.098)	337.008 (1.577)	317.455 (1.443)
Rela1	-1.328** (-2.708)		-19.579*** (-3.963)	
Rela2		-0.906*** (-3.578)		-14.986** (-2.771)
Rep	0.194 (0.539)	0.212 (0.586)	5.343 (1.232)	5.922 (1.468)
Level	-4.636*** (-4.462)	-4.637*** (-4.651)		
CF	0.928 (0.259)	1.021 (0.278)		
Size	0.255 (0.520)	0.296 (0.604)	3.366 (0.301)	4.175 (0.365)
MB	0.942*** (5.240)	0.943*** (5.254)	1.352 (0.377)	1.361 (0.380)
State	-2.210*** (-4.071)	-2.279*** (-4.107)	39.107*** (4.797)	37.927*** (4.936)
Rsize	-0.152 (-0.969)	-0.154 (-1.013)	7.067 (1.653)	7.000 (1.626)
Stockpay	-2.943 (-0.935)	-2.925 (-0.935)	26.369 (1.529)	26.267 (1.552)
Rele	-0.728 (-0.843)	-0.640 (-0.708)	38.061*** (3.888)	39.015*** (4.095)
Year	控制	控制	控制	控制
N	421	421	365	365
R^2	0.120	0.120	0.380	0.381

6.5.4　剔除数据极端值的影响

为了避免异常值对回归结果的影响，本书对所有因变量在 1% 和 5% 的水平上进行缩尾处理。结果如表 6 - 19 和表 6 - 20 所示，无论是对因变量在 1% 还是 5% 的水平上进行缩尾处理，投行 - 公司间关系变量（Rela1 和 Rela2）都与并购溢价和并购持续时间显著负相关。因此，本书结论并不因异常值的影响而改变。

表 6 - 19　　稳健性检验：对因变量 1% 缩尾

	(1)	(2)	(3)	(4)
	并购溢价水平		并购持续时间	
常数项	-7.007 (-0.601)	-8.183 (-0.718)	312.952 (1.725)	294.779 (1.579)
Rela1	-1.306** (-2.735)		-20.464*** (-4.191)	
Rela2		-0.887*** (-3.444)		-14.344** (-2.582)
Rep	0.778 (1.593)	0.712 (1.455)	29.357*** (7.513)	28.169*** (6.877)
Level	-3.250*** (-3.492)	-3.275*** (-3.515)		
CF	-0.593 (-0.201)	-0.508 (-0.168)		
Size	0.399 (0.805)	0.448 (0.915)	4.346 (0.457)	5.144 (0.528)
MB	0.831*** (3.104)	0.832*** (3.120)	-1.320 (-0.502)	-1.313 (-0.499)

续表

	(1)	(2)	(3)	(4)
	并购溢价水平		并购持续时间	
State	-2.053*** (-4.746)	-2.120*** (-4.767)	40.566*** (4.760)	39.360*** (4.969)
Rsize	-0.194 (-1.205)	-0.192 (-1.232)	14.630*** (4.409)	14.596*** (4.324)
Stockpay	1.402 (1.070)	1.417 (1.094)	35.925* (2.009)	35.440* (2.041)
Rele	-1.620** (-2.384)	-1.528* (-2.171)	25.795** (2.591)	27.260** (2.820)
Year	控制	控制	控制	控制
N	421	421	365	365
R^2	0.161	0.161	0.403	0.403

注：括号内为经过行业聚类调整后的t值，***、**、*分别表示在1%、5%、10%水平上显著。

表6-20　　稳健性检验：对因变量5%缩尾

	(1)	(2)	(3)	(4)
	并购溢价水平		并购持续时间	
常数项	-5.995 (-0.572)	-6.829 (-0.670)	385.230*** (3.324)	369.681** (3.035)
Rela1	-0.827* (-1.736)		-15.788*** (-4.175)	
Rela2		-0.605** (-2.187)		-12.027** (-2.429)
Rep	0.723 (1.441)	0.690 (1.412)	31.282*** (9.225)	30.533*** (8.274)

续表

	(1)	(2)	(3)	(4)
	并购溢价水平		并购持续时间	
Level	-2.576** (-2.949)	-2.597** (-3.009)		
CF	-0.650 (-0.231)	-0.606 (-0.208)		
Size	0.328 (0.735)	0.364 (0.831)	-0.809 (-0.135)	-0.109 (-0.017)
MB	0.721*** (3.285)	0.723*** (3.295)	-2.645 (-1.396)	-2.626 (-1.394)
State	-1.882*** (-5.657)	-1.928*** (-5.576)	47.470*** (5.051)	46.448*** (5.224)
Rsize	-0.160 (-1.080)	-0.159 (-1.112)	12.116*** (6.049)	12.063*** (5.977)
Stockpay	1.559 (1.609)	1.579 (1.631)	24.914 (1.639)	24.697 (1.658)
Rele	-1.396** (-2.675)	-1.348** (-2.439)	22.204** (2.540)	23.083** (2.809)
Year	控制	控制	控制	控制
N	421	421	365	365
R^2	0.171	0.172	0.401	0.402

注：括号内为经过行业聚类调整后的 t 值，***、**、* 分别表示在 1%、5%、10% 水平上显著。

6.5.5　剔除金融行业

由于金融行业的上市公司与其他类型的上市公司差异较大，为了排除该类上市公司的影响，本书剔除了收购方为按照证监会发布的《上市公司行业分类指引》分类为金融类的公司。表6－21显示了采用剔除金融行业公司的样本重新进行回归后的结果，列（1）和列（2）中，关系（Rela1和Rela2）与并购溢价水平的回归系数在5%和1%的水平上显著为负；而在列（3）和列（4）中，关系（Rela1和Rela2）与并购持续时间的回归系数也在1%和5%的水平上显著为负。这说明在剔除金融行业上市公司的影响后，前文的结论依然不变。

表6－21　　稳健性检验：剔除金融行业

	（1）	（2）	（3）	（4）
	并购溢价水平		并购持续时间	
常数项	－1.068 （－0.071）	－2.410 （－0.162）	341.030 （1.542）	320.489 （1.401）
Rela1	－1.503** （－2.573）		－24.270*** （－5.256）	
Rela2		－0.989*** （－3.313）		－16.617** （－3.031）
Rep	1.197* （1.924）	1.118* （1.816）	31.127*** （6.769）	29.644*** （6.048）
Level	－4.680*** （－4.779）	－4.722*** （－4.966）		
CF	1.003 （0.292）	1.112 （0.314）		
Size	0.288 （0.484）	0.343 （0.582）	2.966 （0.264）	3.858 （0.334）
MB	0.945*** （4.971）	0.947*** （5.018）	1.253 （0.358）	1.280 （0.364）

续表

	(1)	(2)	(3)	(4)
	并购溢价水平		并购持续时间	
State	-2.255***	-2.325***	37.357***	35.962***
	(-4.312)	(-4.328)	(4.625)	(4.795)
Rsize	-0.159	-0.160	7.000	6.915
	(-0.890)	(-0.932)	(1.743)	(1.689)
Stockpay	-2.704	-2.692	34.337*	33.675*
	(-0.858)	(-0.859)	(1.857)	(1.884)
Rele	-0.929	-0.808	33.618***	35.527***
	(-1.074)	(-0.896)	(3.514)	(3.778)
Year	-1.320	-1.301	76.463	76.747
N	419	419	364	364
R^2	0.123	0.122	0.389	0.389

注：括号内为经过行业聚类调整后的 t 值，***、**、* 分别表示在 1%、5%、10% 水平上显著。

6.6　结论

本书以我国 A 股上市公司 2009 - 2014 年聘请了财务顾问的并购事件为样本，研究投行 - 公司间关系影响公司并购经济后果的作用机制，即有“关系”的投行是否在交易层面对并购溢价水平和并购持续时间产生影响。研究发现：公司在并购中选择有“关系”的投行作为财务顾问，平均为公司降低了 150% 的溢价水平；并且无论是最终成功还是失败的并购，有“关系”的财务顾问显著缩短了并购持续时间。进一步分析表明，在信息不对称程度较高的情况下，有“关系”的财务顾问能显著降低公司并购的溢价水平，并缩短并购持续时间；而在信息不对称程度较低的情况，投行－公司间关系对并购溢价水平和并购持续时间的影响均不显著。在采用处理效应模型控制内生性问题以及通过其他稳健性检验后，结论依然成立。上述实证结果说明，“关系”作为公司和投行拥有的一种专用性资产，能帮助降低公司与投行之间的信息不对称程度，并且缓解投行和公司间的代理冲突，使得投行不仅以完成并购为主要目的，更注重并购为公司创造的价值。

本书具有重要的理论意义和现实意义。从理论层面，本书从公司选择并购财务顾问这一独特视角出发，探讨投行－公司间关系在公司并购中发挥的作用，丰富了关于公司并购中金融中介的相关文献，同时也为“关系”与金融的交叉研究提供了新的研究视角。从现实层面，第一，政府部门在规范并购重组财务顾问业务活动时，可以鼓励公司与投行建立长期关系，同时对这种“关系”加强监管使其能够保持良性循环；第二，对公司而言，选择与投行建立长期关系能够缓解代理冲突，降低并购溢价水平，缩短并购持续时间，提高并购效率，因此公司在选择并购财务顾问时，不仅仅要考虑投行的声誉，也应当考虑投行与公司间的“关系”。

第7章
研究结论、建议与展望

7.1　研究结论

本书在借鉴国内外文献的基础上，结合我国并购财务顾问的制度背景和发展现状，选取我国 A 股上市公司 2009 – 2014 年间聘请了财务顾问的并购事件为样本，探讨了投行 – 公司间关系对上市公司选择并购财务顾问的动因的影响，在此基础上，研究公司基于“关系”这一动因选择不同的财务顾问是否会影响并购的经济后果及其作用机制，得到主要结论如下：

第一，投行 – 公司间关系是公司选择不同投行担任并购财务顾问的动因之一。与没有“关系”的投行相比，与公司有“关系”的投行被聘请担任该公司并购财务顾问的概率大

23.8%；并且“关系”越紧密，被选中的概率越大。进一步分析表明：（1）不管投行与公司以前通过何种业务建立起关系，该“关系”均对投行是否被公司选为并购财务顾问有显著影响。然而，通过并购业务建立起的直接关系比承销业务建立起的间接关系发挥了更大的作用。（2）投行声誉越低，“关系”发挥的作用越大，即“关系”与“声誉”存在替代效应。这些实证结果说明，首先，熟悉偏差的存在使得上市公司更愿意选择有“关系”的投行作为并购财务顾问；其次，为了避免信息不对称带来的风险，公司也会倾向于选择有过合作经历的投行；最后，转换成本的存在也会阻止公司更换新的投行。另一方面，投行付出成本来获取这样一种关系型资产时，理所当然会在竞争中利用其为自己的利益服务，并且声誉越低的投行对于“关系”来获取并购财务顾问业务的依赖程度更高。由此可见，投行－公司间关系是投行拥有的一种专用资产，能够帮助投行提高自身开展财务顾问业务的竞争力。

第二，公司在并购中选择有“关系”的投行作为财务顾问，平均为公司增加了1.3亿元的股东价值，并且“关系”越紧密，公司价值增加越多；但是，对公司并购成功概率并没有显著影响。进一步分析表明，在信息不对称程度较高的情况下，有“关系”的财务顾问能显著提升公司并购绩效，对并购成功概率没有影响；而在信息不对称程度较低的情况下却相反，有“关系”的财务顾问提高了并购成功概率，但是没有显著提高公司并购绩效。这一实证结果初步支持了并购财务顾问的“优越交易假说”，即投行在并购中能利用自己的经验和专业技能帮助公司设计更好的收购方案，争取谈判优势，不仅以完成并购为主要目的，更注重并购为公司创造的价值。也说明投行－公司间关系作为公司和投行拥有的一种专用性资产，能够降低双方的信息不对称程度，提高双方的合作效率。

第三，公司在并购中选择有“关系”的投行作为财务顾问，平均为公司降低了 150% 的溢价水平；并且无论是最终成功还是失败的并购，有“关系”的财务顾问显著缩短了并购持续时间。进一步分析表明，在信息不对称程度较高的情况下，有“关系”的财务顾问能显著降低公司并购的溢价水平，并缩短并购持续时间；而在信息不对称程度较低的情况，投行 - 公司间关系对并购溢价水平和并购持续时间的影响均不显著。以上实证结果表明，有关系的财务顾问主要在交易层面的并购溢价水平和持续时间两个维度对并购交易特征产生影响，从而影响了并购的经济后果。由于有“关系”的投行更注重为公司创造的价值，而不是仅仅关注并购最终是否成功，因此会尽量压低收购价格；并且，由于“关系”降低了投行与公司间信息不对称程度，使得投行能够节省一部分信息搜寻时间，更快地完成并购交易，提高并购效率。但是，这一效应主要在信息不对称程度较高的公司中存在，在信息不对称程度较低的公司中，有关系的财务顾问并没有发挥太大的作用。

本书的结论意味着，在我国市场化并购发展的过程中，投行作为并购财务顾问在公司并购交易中发挥了重要作用。投行与公司间建立起的长期关系，作为投行和公司拥有的一种专用性资产，为双方都创造了价值。首先，投行 - 公司间关系作为公司选择并购财务顾问的动因之一，能提高投行在并购财务顾问业务领域的竞争力。其次，投行 - 公司间关系能降低双方的信息不对称程度，减少并购成本，提高并购效率。最后，有“关系”的财务顾问不仅以完成并购交易为主要目的，更注重并购为公司创造的价值，支持了“优越交易假说”。

7.2 政策建议

目前我国正处于产业结构升级和经济转型的重要时期，为响应国家的“供给侧改革”，大量传统的制造业公司正着手解决过剩产能和转变企业经营业务，意味着今后在相当长一段时期，并购业务将更为频繁发生（例如近一年来，部分传统制造业上市公司纷纷融资参与收购与环保或医疗服务等行业相关的企业），如何促进资本市场的并购市场化发展和提高上市公司并购效率将直接影响到未来经济转型的成功与否。由于我国在2008年8月才颁布了《上市公司并购重组财务顾问业务管理办法》，与并购财务顾问相关的业务许可规章及职责要求在这之后才有了正式文件加以规范。并且，国务院分别于2010年和2014年下发了也印发了《国务院关于促进企业兼并重组的意见》及《国务院关于进一步优化企业兼并重组市场环境的意见》，不断重申提出要促进兼并重组更加市场化。通常在并购重组市场化程度高的国家，投行在并购交易中都相当活跃并且发挥着重要作用。因此，我国应加快投行在并购财务顾问业务领域的发展和培育。本书提出的政策建议主要从政府部门、券商投行和上市公司三个角度出发：

第一，政府部门在规范并购重组财务顾问业务活动时，可以鼓励公司与投行建立长期关系，同时对这种“关系”加强监管使其能够保持良性循环。具体而言，首先，政府部门可以进一步完善券商投行财务顾问业务的信息披露制度。虽然从当前看来，公司选择有“关系”的投行担任并购财务顾问能提高并购绩效，降低并购溢价，提升并购效率，但是该关系也可能存在潜在的风险。如果政府部门强制券商投行披露相关信息，比如财务顾问的费率、或有收费、对担任财务顾问的公司持股比例等信息，能够降低市场中其他参与方与投行之间的信息不对称程度，防止内幕交易等行为的发生，帮助投资者做出更明智的决策。其次，在强化披露义务的前提下，可以适当放宽对并购财务顾问独立性的要求。《上市公司并购重组财务顾问业务管理办法》中对投行担任上市公司并购财务顾问设定了五条与独立性相关的要求，其中有些规定可能不利于公司于投行建立长期关系，只要在披露充分的前提下，可以对这些规定稍加修改，从而有利于投行与公司间信息不对称程度降低。最后，应当构建多层次、全方位的监督惩处机制。我国规定了券商投行在担任公司上市的承销商或者并购财务顾问后，需要对上市公司的财务规范、公司治理、信息披露等有关方面进行持续督导。但是投行为了保持与上市公司的长期关系，也可能会放松对公司在信息披露、内部控制等方面的监督和披露。因此，应该引入市场、媒体、投资者等外部监督机制。在建立健全财务顾问持续督导工作细则，明确工作内容、标准和要求的基础上，可以通过网络平台向公众公开财务顾问监管文件资料，引入媒体、公众投资者共同对财务顾问及财务顾问主办人持续督导工作进行监管，让社会公众一起参与到对财务顾问持续督导工作的监管和评价中，将监管部门单方监管变为社会公众媒体的多方面监管。如此一来，既实现了向公众借力监管，还能发挥市场对券商投行从事并购财务顾问业务的优胜劣汰作用。

第二，券商投行作为财务顾问在上市公司并购中的参与程度越来越高，可以积极与公司建立长期关系，提升自身开展财务顾问业务的竞争力。首先，投行券商可以利用 IPO 或者 SEO 后的持续督导期，保持和公司的联系，熟悉公司的日常经营情况，了解公司的战略目标，在公司需要通过并购寻求发展的时候，为公司定制更加优越的并购方案，帮助公司寻找更合适的标的。其次，投行在与公司保持长期关系的同时，应当注意不要违反证券法关于内幕交易的规定。由于投行与公司一直保持联系，可能较早就会听闻上市公司并购的消息，并且投行从事财务顾问业务的人员本身就属于内幕信息知情人之一，其项目材料与日常往来文件都包含大量内幕信息。因此，投行内部应当建立完善的内幕信息管理制度，做好内幕信息保密工作，维护信息披露的公平原则。具体可以采取以下措施：首先，投行内部应定期对员工进行思想教育，建立业务人员的诚信档案并规定相应的奖惩办法，提高执业人员的道德底线和执业操守。第二，投行要尽量减少与并购相关的内幕信息的流转程序，并且可以通过对并购重组项目编号或设定代码，降低并购重组项目关键信息的识别度，严格对相关信息保密。第三，借鉴英美证券制度中的“中国墙”制度，通过将利益冲突的不同部门进行隔离、采用安全档案管理制度等措施，确保信息传递仅限于“须知人员”，减少非必须人员接触内幕信息的情形。

第三，对上市公司而言，在选择并购财务顾问时，不仅仅要考虑投行的声誉，也应当适当考虑投行与公司间的关系。首先，上市公司作为并购参与主体，应该积极配合财务顾问的工作，提供相应的文件。其次，上市公司及其控股股东、实际控制人等相关各方研究、筹划、决策涉及上市公司重大资产重组事项，可以与保持长期关系的投行一起商议进行，利用投行对公司的了解、并购经验以及整合市场资源的能力，简化整个决策流程、提高决策效率、缩短并购时间。最后，上市公司在享受“关系”型财务顾问带来的好处的同时，也应该防范可能存在的风险。投行与公司保持长期关系，对于公司的动态十分了解，相互之间的高管也会保持联系。因此，上市公司应建立相应的“防火墙”，防止公司的董事会和高管成员与投行高管合谋损害中小股东的利益，利用并购进行利益输送。

7.3 研究局限

本研究尚存在以下不足之处：

第一，囿于数据的可得性（大部分券商投行为非上市公司），本书考虑的投行–公司间关系以投行与公司以前的合作关系作为主要替代变量，并没有将其他诸如因校友关系、同事关系、俱乐部成员关系等等形成的“隐蔽性”的投行–公司间关系纳入本书的指标衡量中。

第二，由于在我国聘请了财务顾问的并购中，收购方和目标方双方都是上市公司的情况较少，本书仅仅考虑了上市公司作为收购方选择不同关系背景的投行是否为公司创造价值及其作用机制，并未考虑这种关系对目标方公司价值的影响，以及将收购方与目标方作为一个整体来考虑时，财务顾问的价值创造能力及其作用机制。

第三，同样由于在我国聘请了财务顾问的并购中，收购方和目标方双方都是上市公司的情况较少，目标方的信息披露较少。本书曾经尝试搜集上市公司的财务顾问同时与目标方又有关系的样本，但是由于这一样本太少，无法进行实证研究。因此本书仅考虑了收购方和财务顾问之间的关系，并未考虑目标方与财务顾问的关系。

7.4 未来的研究展望

第一，未来的研究可以将“关系”进一步拓展，随着信息披露制度的完善，搜寻与投行高管和公司高管之间关系的数据，研究“关系”对投行并购业务和公司并购经济后果的影响，或者其中存在的利益冲突。

第二，随着2015年和2016年并购热度持续升温，我国聘请了财务顾问的并购样本逐年增加，未来的研究可以尝试采用收购方和目标方都是上市公司的样本展开分析，考察投行-公司间关系对目标方公司价值的影响，以及将收购方与目标方作为一个整体来考虑时，财务顾问的价值创造能力及其作用机制。

第三，同样随着未来样本量的增加，未来的研究可以考虑分析与收购方和目标方都有“关系”的财务顾问对收购方和目标方双方并购经济后果的影响；或者研究收购方的并购财务顾问如果与目标方有关系，是否会对收购方不利，而对目标方有利。

第四，如果能够得到投行团队高管的工作变动信息，则可以将“关系”进一步确定到个人，研究如果财务顾问主办人跳槽，这种关系是否会随之转移到新的投行，还是在可以保留在主办人原来所在的投行和公司层面。

参考文献

1. 边燕杰，张磊．论关系文化与关系社会资本［J］．人文杂志．2013（01）：107－113.

2. 陈仕华，姜广省，卢昌崇．董事联结、目标公司选择与并购绩效——基于并购双方之间信息不对称的研究视角［J］．管理世界．2013（12）：117－132.

3. 陈仕华，卢昌崇．企业间高管联结与并购溢价决策——基于组织间模仿理论的实证研究［J］．管理世界．2013（05）：144－156.

4. 陈仕华，卢昌崇．国有企业党组织的治理参与能够有效抑制并购中的“国有资产流失”吗？［J］．管理世界．2014（05）：106－120.

5. 陈涛，李善民．支付方式与收购公司财富效应［J］．证券市场导报．2011（02）：49－53.

6. 程敏．交易特征、并购溢价及并购绩效分析——来自上市公司大宗股权协议转让的经验证据［J］．证券市场导报．2009（02）：41－47.

7. 邓建平，曾勇，何佳．关联并购重组：根源与后果［J］．管理学报．2011，08（8）：1238－1246.

8. 冯根福，吴林江．我国上市公司并购绩效的实证研究［J］．经济研究．2001（01）：54－61.

9. 葛伟杰，张秋生，张自巧．支付方式、融资约束与并购溢价研究［J］．证券市场导报．2014（01）：40－47.

10. 韩洁，田高良，杨宁．连锁董事与并购目标选择：基于信息传递视角［J］．管理科学．2014（02）：15－25.

11. 黄兴孪，沈维涛．掏空或支持——来自我国上市公司关联并购的实证分析［J］．经济管理．2006（12）：57－64.

12. 李培馨，陈运森，王宝链．社会网络及其在金融研究中的应用：最新研究述评［J］．南方经济．2013（09）：62－74.

13. 李善民，陈玉罡．上市公司兼并与收购的财富效应［J］．经济研究．2002（11）：27－35.

14. 李善民，朱滔．多元化并购能给股东创造价值吗？——兼论影响多元化并购长期绩效的因素［J］．管理世界．2006（3）：129－137.

15. 李心丹，朱洪亮，张兵，等．基于DEA的上市公司并购效率研究［J］．经济研究．2003（10）：15－24.

16. 李增泉，余谦，王晓坤．掏空、支持与并购重组——来自我国上市公司的经验证据［J］．经济研究．2005（1）：95－105.

17. 刘钊，王志强，肖明芳．产权性质、资本结构与企业并购——基于中国制度背景的研究［J］．经济与管理研究．2014（2）：32－40.

18. 陆铭，李爽．社会资本、非正式制度与经济发展［J］．管理世界．2008（09）：161－165.

19. 潘红波，夏新平，余明桂．政府干预、政治关联与地方国有企业并购［J］．经济研究．2008（04）：41－52.

20. 潘红波，余明桂．支持之手、掠夺之手与异地并购［J］．经济研究．2011（09）：108－120.

21. 潘越，戴亦一．关系、声誉与再融资承销竞争［J］．厦门大学学报（哲学社会科学版）．2013（3）：41－49.

22. 宋献中，周昌仕．股权结构、大股东变更与收购公司竞争优势——来自中国上市公司的经验证据［J］．财经科学．2007（5）：32－40.

23. 孙铁，武常岐．企业并购中的风险控制：专业咨询机构的作用［J］．南开管理评论．2012（04）：4－14.

24. 唐建新，陈冬．地区投资者保护、企业性质与异地并购的协同效应［J］．管理世界．2010（08）：102－116.

25. 唐宗明，蒋位．中国上市公司大股东侵害度实证分析［J］．经济研究．2002（04）：44－50.

26. 万良勇，郑小玲．董事网络的结构洞特征与公司并购［J］．会计研究．2014（05）：67－72.

27. 王化成，孙健，邓路，等．控制权转移中投资者过度乐观了吗？［J］．管理世界．2010（02）：38－45.

28. 王艳，阚铄．企业文化与并购绩效［J］．管理世界．2014（11）：146－157.

29. 吴超鹏，吴世农，郑方镳．管理者行为与连续并购绩效的理论与实证研究［J］．管理世界．2008（07）：126－133.

30. 张维迎．博弈论与信息经济学［M］．上海：上海人民出版社，1996.

31. 张雯，张胜，李百兴．政治关联、企业并购特征与并购绩效［J］．南开管理评论．2013（02）：64－74.

32. 张新．并购重组是否创造价值？——中国证券市场的理论与实证研究［J］．经济研究．2003（6）：20－29.

33. 张翼，乔元波，何小锋．我国上市公司并购绩效的经验与实证分析［J］．财经问题研究．2015（1）：60－66.

34. 朱红军，汪辉．并购的长期财富效应——经验分析结果与协同效应解释［J］．财经研究．2005，31（9）：102－113.

35. 朱红军，杨静，张人骥．共同控制下的企业合并：协同效应还是财富转移——第一百货吸收合并华联商厦的案例研究［J］．管理世界．2005（4）：116－131.

36. 朱滔．上市公司并购的短期和长期股价表现［J］．当代经济科学．2006，28（3）：31－39.

37. Agrawal A，Jaffe J F，Mandelker G N. The post－merger performance of acquiring firms：a re－examination of an anomaly［J］. The Journal of Finance. 1992，47（4）：1605－1621.

38. Ahern K R，Harford J. The importance of industry links in merger waves［J］. The Journal of Finance. 2014，69（2）：527－576.

39. Aktas N，de Bodt E，Roll R. Negotiations under the threat of an auction［J］. Journal of Financial Economics. 2010，98（2）：241－255.

40. Alexandridis G，Mavrovitis C F，Travlos N G. How have M&As changed? Evidence from the sixth merger wave［J］. The European Journal of Finance. 2012，18（8）：663－688.

41. Allen F，Faulhaber G R. Signalling by underpricing in the IPO market［J］. Journal of Financial Economics. 1989，23（2）：303－323.

42. Allen L. The Role of Bank Advisors in Mergers and Acquisitions［J］. Journal of Money，Credit and Banking. 2004，36（2）：197－224.

43. Antoniou A，Guo J，Petmezas D. Merger momentum and market valuations：the UK evidence［J］. Applied Financial Economics. 2008，18（17）：1411－1423.

44. Asquith P. Merger bids，uncertainty，and stockholder re-

turns [J]. Journal of Financial Economics. 1983, 11 (1 - 4): 51 - 83.

45. Bao J, Edmans A. Do Investment Banks Matter for M&A Returns? [J]. Review of Financial Studies. 2011, 24 (7): 2286 - 2315.

46. Barber B M, Lyon J D. Detecting long - run abnormal stock returns: The empirical power and specification of test statistics [J]. Journal of financial economics. 1997, 43 (3): 341 - 372.

47. Becher D A. The valuation effects of bank mergers [J]. Journal of corporate finance. 2000, 6 (2): 189 - 214.

48. Beitel P, Schiereck D, Wahrenburg M. Explaining M&A success in European banks [J]. European Financial Management. 2004, 10 (1): 109 - 139.

49. Bhagat S, Dong M, Hirshleifer D, et al. Do tender offers create value? New methods and evidence [J]. Journal of Financial Economics. 2005, 76 (1): 3 - 60.

50. Bharath S, Dahiya S, Saunders A, et al. So what do I get? The bank's view of lending relationships [J]. Journal of Financial Economics. 2007, 85 (2): 368 - 419.

51. Bodnaruk A, Massa M, Simonov A. Investment banks as insiders and the market for corporate control [J]. Review of Financial Studies. 2009: 43.

52. Boone A L, Mulherin J H. Do termination provisions truncate the takeover bidding process? [J]. Review of Financial Studies. 2007, 20 (2): 461 - 489.

53. Boone A L, Mulherin J H. Do auctions induce a winner's curse? New evidence from the corporate takeover market [J]. Journal of Financial Economics. 2008, 89 (1): 1 - 19.

54. Bouwman C H, Fuller K, Nain A S. Market valuation and acquisition quality: Empirical evidence [J]. Review of Financial Studies. 2009, 22 (2): 633 - 679.

55. Bowers H M, Miller R E. Choice of Investment Banker and Shareholders' Wealth of Firms Involved in Acquisitions [J]. Financial Management. 1990, 19 (4): 34 - 44.

56. Bradley M, Desai A, Kim E H. Synergistic gains from corporate acquisitions and their division between the stockholders of target and acquiring firms [J]. Journal of financial Economics. 1988, 21 (1): 3 - 40.

57. Brealey R, Leland H E, Pyle D H. Informational asymmetries, financial structure, and financial intermediation [J]. The Journal of Finance. 1977, 32 (2): 371 - 387.

58. Brown S J, Warner J B. Using daily stock returns: The case of event studies [J]. Journal of financial economics. 1985, 14 (1): 3 - 31.

59. Bruner R. Where M&A Pays and Where It Strays: A Survey of the Research [J]. Journal of Applied Corporate Finance. 2004, 16 (4): 63 - 76.

60. Bruner R F. Does M&A pay? A survey of evidence for the decision - maker [J]. Journal of Applied Finance. 2002, 12 (1): 48 - 68.

61. Bulow J, Klemperer P. Why do sellers (usually) prefer auctions? [J]. The American Economic Review. 2009, 99 (4): 1544 - 1575.

62. Burch T R, Nanda V, Warther V. Does it pay to be loyal? An empirical analysis of underwriting relationships and fees [J]. Journal of Financial Economics. 2005, 77 (3): 673 - 699.

63. Bygrave W D. The structure of the investment networks of venture capital firms [J]. Journal of Business Venturing. 1988, 3 (2): 137 -157.

64. Cai Y, Sevilir M. Board connections and M&A transactions. [J]. Journal of Financial Economics. 2012, 103 (2): 327 -349.

65. Cameron A C, Gelbach J B, Miller D L. Robust Inference With Multiway Clustering [J]. Journal of Business & Economic Statistics. 2011, 29 (2): 238 -249.

66. Chahine S, Ismail A. Premium, merger fees and the choice of investment banks: A simultaneous analysis [J]. The Quarterly Review of Economics and Finance. 2009, 49 (2): 159 -177.

67. Chang S. Takeovers of privately held targets, methods of payment, and bidder returns [J]. The Journal of Finance. 1998, 53 (2): 773 -784.

68. Chang X, Shekhar C, Tam L H K, et al. Industry Expertise, Information Leakage, and the Choice of M&A Advisors [Z]. 2015.

69. Chapman J C, Li L. Mergers and Acquisitions in China. Part Two: Anatomy of a Deal in the Middle Kingdom [J]. Corporate Finance Review. 2011, 3 (16): 12 -20.

70. Chen H, Ho K, Weng P. IPO underwriting and subsequent lending [J]. Journal of Banking & Finance. 2013, 37 (12): 5208 -5219.

71. Chen L H. The Use of Independent Fairness Opinions and the Performance of Acquiring Firms [J]. Journal of Accounting, Auditing & Finance. 2010, 25 (3): 323 -350.

72. Chuluun T. The role of underwriter peer networks in IPOs

[J]. Journal of Banking & Finance. 2015, 51 (0): 62 - 78.

73. Chuluun T, Prevost A K, Puthenpurackal J. Board networks and the Cost of Corporate Debt [Z]. 2010.

74. Cohen L, Frazzini A, Malloy C. Sell - side school ties [J]. The Journal of Finance. 2010, 65 (4): 1409 - 1437.

75. Corwin S A, Schultz P. The role of IPO underwriting syndicates: Pricing, information production, and underwriter competition [J]. The Journal of Finance. 2005, 60 (1): 443 - 486.

76. Cotter J F, Shivdasani A, Zenner M. Do independent directors enhance target shareholder wealth during tender offers? [J]. Journal of Financial Economics. 1997, 43 (2): 195 - 218.

77. Cramton P, Schwartz A. Using auction theory to inform takeover regulation [J]. Journal of Law, Economics, & Organization. 1991, 7 (1): 27 - 53.

78. Da Z, Guo R, Jagannathan R. CAPM for estimating the cost of equity capital: Interpreting the empirical evidence [J]. Journal of Financial Economics. 2012, 103 (1): 204 - 220.

79. de La Bruslerie H. Crossing takeover premiums and mix of payment: An empirical test of contractual setting in M& A transactions [J]. Journal of Banking & Finance. 2013, 37 (6): 2106 - 2123.

80. Depamphilis D. Mergers, Acquisitions, and Other Restructuring Activities, Fifth Edition: An Integrated Approach to Process, Tools, Cases, and Solutions [M]. London, UK: Elsevier Academic Press, 2009.

81. Derrien F, Dessaint O. The Effects of Investment Bank Rankings: Evidence from M&A League Tables [Z]. 2015.

82. Di Giovanni J. What drives capital flows? The case of cross - border M&A activity and financial deepening [J]. Journal of international Economics. 2005, 65 (1): 127 - 149.

83. Diaw A. The effect of mergers and acquisitions on shareholder wealth: the case of European banks [J]. International Journal of Financial Management. 2014, 4 (4).

84. Díaz K B D, Azofra S S, Gutiérrez C L. Are M&A Premiums too high? Analysis of a quadratic relationship between premiums and returns [J]. Quarterly Journal of Finance and Accounting. 2009: 5 - 21.

85. Dickerson A P, Gibson H D, Tsakalotos E. The impact of acquisitions on company performance: Evidence from a large panel of UK firms [J]. Oxford Economic Papers. 1997, 49 (3): 344 - 361.

86. Dong M, Hirshleifer D, Richardson S, et al. Does investor misvaluation drive the takeover market? [J]. The Journal of Finance. 2006, 61 (2): 725 - 762.

87. Drucker S, Puri M. On the Benefits of Concurrent Lending and Underwriting [J]. The Journal of Finance. 2005, 60 (6): 2763 - 2799.

88. Dugar A, Nathan S. The Effect of Investment Banking Relationships on Financial Analysts' Earnings Forecasts and Investment Recommendations. [J]. Contemporary Accounting Research. 1995, 12 (1): 131 - 160.

89. Dyck A, Zingales L. Private benefits of control: An international comparison [J]. The Journal of Finance. 2004, 59 (2): 537 - 600.

90. Eckbo B E. Bidding strategies and takeover premiums: A re-

view [J]. Journal of Corporate Finance. 2009, 15 (1): 149 - 178.

91. Eckbo B E, Giammarino R M, Heinkel R L. Asymmetric information and the medium of exchange in takeovers: Theory and tests [J]. Review of Financial studies. 1990, 3 (4): 651 - 675.

92. El - Khatib R, Fogel K, Jandik T. CEO network centrality and merger performance [J]. Journal of Financial Economics. 2015, 116 (2): 349 - 382.

93. Ellis K, Michaely R, O Hara M. Competition in investment banking [J]. Review of Development Finance. 2011, 1 (1): 28 - 46.

94. Engelberg J, Gao P, Parsons C A. The Price of a CEO's Rolodex. [J]. Review of Financial Studies. 2013, 26 (1): 79 - 114.

95. Engelberg J, Gao P, Parsons C A. Friends with money [J]. Journal of Financial Economics. 2012, 103 (1): 169 - 188.

96. Faccio M, Masulis R W. The Choice of Payment Method in European Mergers and Acquisitions. [J]. Journal of Finance. 2005, 60 (3): 1345 - 1388.

97. Faccio M, Mcconnell J J, Stolin D. Returns to acquirers of listed and unlisted targets [J]. Journal of Financial and Quantitative Analysis. 2006, 41 (01): 197 - 220.

98. Fahlenbrach R. Founder - CEOs, investment decisions, and stock market performance [J]. Journal of financial and Quantitative Analysis. 2009, 44 (02): 439 - 466.

99. Fama E F. Market efficiency, long - term returns, and behavioral finance [J]. Journal of financial economics. 1998, 49 (3): 283 - 306.

100. Fama E F, Fisher L, Jensen M C, et al. The adjustment of stock prices to new information [J]. International economic re-

view. 1969, 10 (1): 1 -21.

101. Fama E F, Jensen M C. Separation of ownership and control [J]. The Journal of Law & Economics. 1983, 26 (2): 301 -325.

102. Fang L H. Investment bank reputation and the price and quality of underwriting services [J]. The Journal of Finance. 2005, 60 (6): 2729 -2761.

103. Fernando C S, Gatchev V A, Spindt P A. Wanna Dance? How Firms and Underwriters Choose Each Other [J]. The Journal of Finance. 2005, 60 (5): 2437 -2469.

104. Fernando C S, May A D, Megginson W L. The Value of Investment Banking Relationships: Evidence from the Collapse of Lehman Brothers. [J]. Journal of Finance. 2012, 67 (1): 235 -270.

105. Forte G, Iannotta G, Navone M. The Banking Relationship's Role in the Choice of the Target's Advisor in Mergers and Acquisitions [J]. European Financial Management. 2010, 16 (4): 686 -701.

106. Fracassi C, Tate G. External networking and internal firm governance [J]. The Journal of Finance. 2012, 67 (1): 153 -194.

107. Franks J, Harris R, Titman S. The postmerger share - price performance of acquiring firms [J]. Journal of Financial economics. 1991, 29 (1): 81 -96.

108. Fuller K, Netter J, Stegemoller M. What do returns to acquiring firms tell us? Evidence from firms that make many acquisitions [J]. The Journal of Finance. 2002, 57 (4): 1763 -1793.

109. Fung S, Jo H, Tsai S. Agency problems in stock market - driven acquisitions [J]. Review of Accounting and Finance. 2009, 8 (4): 388 -430.

110. Geletkanycz M A, Boyd B K, Finkelstein S. The strategic

value of CEO external directorate networks: implications for CEO compensation [J]. Strategic Management Journal. 2001, 22 (9): 889 - 898.

111. Goergen M, Renneboog L. Shareholder Wealth Effects of European Domestic and Cross - border Takeover Bids [J]. European Financial Management. 2004, 10 (1): 9 - 45.

112. Golubov A, Petmezas D, Travlos N G. When It Pays to Pay Your Investment Banker: New Evidence on the Role of Financial Advisors in M&As [J]. The Journal of Finance. 2012, 67 (1): 271 - 311.

113. Gompers P A, Xuan Y. Bridge Building in Venture Capital - Backed Acquisitions: AFA 2009 San Francisco Meetings Paper. [Z]. 2009.

114. Greene W H. Econometric Ananlysis [M]. New York: Macmillan: 1993.

115. Grinstein Y, Hribar P. CEO compensation and incentives: Evidence from M&A bonuses. [J]. Journal of Financial Economics. 2004, 73 (1): 119 - 143.

116. Grinstein Y, Hribar P. CEO compensation and incentives: Evidence from M&A bonuses [J]. Journal of Financial Economics. 2004, 73 (1): 119 - 143.

117. Grossman S J, Hart O D. An analysis of the principal - agent problem [J]. Econometrica: Journal of the Econometric Society. 1983: 7 - 45.

118. Hansen R G. A Theory for the Choice of Exchange Medium in Mergers and Acquisitions [J]. The Journal of Business. 1987, 60 (1): 75 - 95.

119. Harford J. What drives merger waves? [J]. Journal of fi-

nancial economics. 2005, 77 (3): 529 - 560.

120. Hartzell J C, Ofek E, Yermack D. What's in it for me? CEOs whose firms are acquired [J]. Review of Financial Studies. 2004, 17 (1): 37 - 61.

121. Hayward M L A. Professional influence: the effects of investment banks on clients' acquisition financing and performance [J]. Strategic Management Journal. 2003, 24 (9): 783 - 801.

122. Healy P M, Palepu K G, Ruback R S. Does corporate performance improve after mergers? [J]. Journal of Financial Economics. 1992, 31 (2): 135 - 175.

123. Heckman J J. Sample Selection Bias as a Specification Error [J]. Econometrica. 1979, 47 (1): 153 - 161.

124. Hellmann T, Lindsey L, Puri M. Building Relationships Early: Banks in Venture Capital [J]. Review of Financial Studies. 2008, 21 (2): 513 - 541.

125. Hertzel M, Smith R L. Market discounts and shareholder gains for placing equity privately [J]. The Journal of finance. 1993, 48 (2): 459 - 485.

126. Hoberg G, Phillips G. Product market synergies and competition in mergers and acquisitions: A text - based analysis [J]. Review of Financial Studies. 2010, 23 (10): 3773 - 3811.

127. Hochberg Y V, Ljungqvist A, Lu Y. Whom You Know Matters: Venture Capital Networks and Investment Performance [J]. The Journal of Finance. 2007, 62 (1): 251 - 301.

128. Hoskisson R E, Eden L, Lau C M, et al. Strategy in Emerging Economies [J]. Academy of Management Journal. 2000, 43 (3): 249 - 267.

129. Houston J F, Ryngaert M D. Equity issuance and adverse selection: A direct test using conditional stock offers [J]. The Journal of Finance. 1997, 52 (1): 197 - 219.

130. Huang Q, Jiang F, Lie E, et al. The role of investment banker directors in M&A [J]. Journal of Financial Economics. 2014, 112 (2): 269 - 286.

131. Huang Y, Walkling R A. Target abnormal returns associated with acquisition announcements: Payment, acquisition form, and managerial resistance [J]. Journal of Financial Economics. 1987, 19 (2): 329 - 349.

132. Hunter W C, Jagtiani J. An analysis of advisor choice, fees, and effort in mergers and acquisitions [J]. Review of Financial Economics. 2003, 12 (1): 65 - 81.

133. Ishii J, Xuan Y. Acquirer - target social ties and merger outcomes [J]. Journal of Financial Economics. 2014, 112 (3): 344 - 363.

134. Ismail A. Does the Management's Forecast of Merger Synergies Explain the Premium Paid, the Method of Payment, and Merger Motives? [J]. Financial Management. 2011, 40 (4): 879 - 910.

135. Ismail A. Are good financial advisors really good? The performance of investment banks in the M&A market [J]. Review of Quantitative Finance and Accounting. 2010, 35 (4): 411 - 429.

136. James C. Relationship - Specific Assets and the Pricing of Underwriter Services [J]. The Journal of Finance. 1992, 47 (5): 1865 - 1885.

137. Jensen M C. Agency costs of overvalued equity [J]. Financial management. 2005, 34 (1): 5 - 19.

138. Jensen M C. Agency Costs of Free Cash Flow, Corporate Finance, and Takeovers. [J]. American Economic Review. 1986, 76 (2): 323.

139. Jensen M C, Meckling W H. Theory of the firm: Managerial behavior, agency costs and ownership structure [J]. Journal of financial economics. 1976, 3 (4): 305 – 360.

140. Jensen M C, Ruback R S. The market for corporate control: The scientific evidence [J]. Journal of Financial economics. 1983, 11 (1): 5 – 50.

141. Ji – Yub J K, Jerayr J H, Finkelstein S. When Firms Are Desperate to Grow via Acquisition: The Effect of Growth Patterns and Acquisition Experience on Acquisition Premiums. [J]. Administrative Science Quarterly. 2011, 56 (1): 26 – 60.

142. Kale J R, Kini O, Ryan H E J. Financial Advisors and Shareholder Wealth Gains in Corporate Takeovers [J]. Journal of Financial and Quantitative Analysis. 2003, 38 (03): 475 – 501.

143. Kaplan S. The effects of management buyouts on operating performance and value [J]. Journal of financial economics. 1989, 24 (2): 217 – 254.

144. Kolasinski A C, Kothari S P. Investment banking and analyst objectivity: Evidence from analysts affiliated with mergers and acquisitions advisors [J]. Journal of Financial and Quantitative Analysis. 2008, 43 (04): 817 – 842.

145. Kovner A. Do underwriters matter? The impact of the near failure of an equity underwriter [J]. Journal of Financial Intermediation. 2012, 21 (3): 507 – 529.

146. Krigman L, Shaw W H, Womack K L. Why do firms

switch underwriters? [J]. Journal of Financial Economics. 2001, 60 (2 -3): 245 -284.

147. Lambrecht B M. The timing and terms of mergers motivated by economies of scale [J]. Journal of Financial Economics. 2004, 72 (1): 41 -62.

148. Lang L H P, Stulz R, Walkling R A. A test of the free cash flow hypothesis: The case of bidder returns [J]. Journal of Financial Economics. 1991, 29 (2): 315 -335.

149. Larcker D F, So E C, Wang C C Y. Boardroom centrality and firm performance. [J]. Journal of Accounting & Economics. 2013, 55 (2/3): 225 -250.

150. Lin H, Mcnichols M F. Underwriting relationships, analysts' earnings forecasts and investment recommendations [J]. Journal of Accounting and Economics. 1998, 25 (1): 101 -127.

151. Ljungqvist A, Marston F, Wilhelm Jr. W J. Scaling the Hierarchy: How and Why Investment Banks Compete for Syndicate Co - management Appointments. [J]. Review of Financial Studies. 2009, 22 (10): 3977 -4007.

152. Ljungqvist A, Marston F, Wilhelm W J. Scaling the hierarchy: How and why investment banks compete for syndicate co - management appointments [J]. Review of Financial Studies. 2009, 22 (10): 3977 -4007.

153. Ljungqvist A, Marston F, Wilhelm W J. Competing for securities underwriting mandates: banking relationships and analyst recommendations [J]. The Journal of Finance. 2006, 61 (1): 301 -340.

154. Ljungqvist A, Wilhelm W J. IPO Pricing in the Dot - com

Bubble [J]. The Journal of Finance. 2003, 58 (2): 723 -752.

155. Loughran T, Vijh A M. Do long - term shareholders benefit from corporate acquisitions? [J]. The Journal of Finance. 1997, 52 (5): 1765 -1790.

156. Louis H. Earnings management and the market performance of acquiring firms [J]. Journal of financial economics. 2004, 74 (1): 121 -148.

157. Lu Z, Zhu J, Zhang W. Bank discrimination, holding bank ownership, and economic consequences: Evidence from China. [J]. Journal of Banking & Finance. 2012, 36 (2): 341 -354.

158. Lyon J D, Barber B M, Tsai C L. Improved methods for tests of long - run abnormal stock returns [J]. The Journal of Finance. 1999, 54 (1): 165 -201.

159. Maddala G S. Limited - dependent and qualitative variables in econometrics [M]. Cambridge: Cambridge university press, 1983.

160. Malatesta P H. The wealth effect of merger activity and the objective functions of merging firms [J]. Journal of financial economics. 1983, 11 (1): 155 -181.

161. Malmendier U, Tate G. Who makes acquisitions? CEO overconfidence and the market's reaction [J]. Journal of financial Economics. 2008, 89 (1): 20 -43.

162. Maloney M T, Mccormick R E, Mitchell M L. Managerial decision making and capital structure [J]. Journal of Business. 1993: 189 -217.

163. Mandelker G. Risk and return: The case of merging firms [J]. Journal of Financial Economics. 1974, 1 (4): 303 -335.

164. Martynova M, Renneboog L. A century of corporate takeovers: What have we learned and where do we stand? [J]. Journal of Banking & Finance. 2008, 32 (10): 2148 - 2177.

165. Masulis R W, Wang C, Xie F. Corporate Governance and Acquirer Returns [J]. The Journal of Finance. 2007, 62 (4): 1851 - 1889.

166. Mclaughlin R M. Investment - banking contracts in tender offers: An empirical analysis [J]. Journal of Financial Economics. 1990, 28 (1 - 2): 209 - 232.

167. Mclaughlin R M. Does the form of compensation matter?: Investment banker fee contracts in tender offers [J]. Journal of Financial Economics. 1992, 32 (2): 223 - 260.

168. Mcpherson M, Smith - Lovin L, Cook J M. Birds of a feather: Homophily in social networks [J]. Annual review of sociology. 2001: 415 - 444.

169. Meeks G. Disappointing marriage: A study of the gains from merger [M]. CUP Archive, 1977.

170. Michel A, Shaked I, Lee Y. An evaluation of investment banker acquisition advice: the shareholders' perspective [J]. Financial Management. 1991: 40 - 49.

171. Mitchell M L, Lehn K. Do bad bidders become good targets? [J]. Journal of Political Economy. 1990: 372 - 398.

172. Mitchell M L, Stafford E. Managerial Decisions and Long - Term Stock Price Performance [J]. The Journal of Business. 2000, 73 (3): 287 - 329.

173. Moeller S B, Schlingemann F P, Stulz R M. Wealth destruction on a massive scale? A study of acquiring - firm returns in the

recent merger wave [J]. The Journal of Finance. 2005, 60 (2): 757 -782.

174. Moeller S B, Schlingemann F P, Stulz R M. How Do Diversity of Opinion and Information Asymmetry Affect Acquirer Returns? [J]. Review of Financial Studies. 2007, 20 (6): 2047 -2078.

175. Moeller S B, Schlingemann F P, Stulz R M. Firm size and the gains from acquisitions [J]. Journal of Financial Economics. 2004, 73 (2): 201 -228.

176. Morck R, Shleifer A, Vishny R W. Do managerial objectives drive bad acquisitions? [J]. The Journal of Finance. 1990, 45 (1): 31 -48.

177. Mueller D C. Mergers and market share [J]. The Review of Economics and statistics. 1985: 259 -267.

178. Mulherin J H, Boone A L. Comparing acquisitions and divestitures [J]. Journal of corporate finance. 2000, 6 (2): 117 -139.

179. Myers S C, Majluf N S. Corporate financing and investment decisions when firms have information that investors do not have [J]. Journal of financial economics. 1984, 13 (2): 187 -221.

180. Offenberg D, Straska M, Waller H G. Who gains from buying bad bidders? [J]. Journal of Financial and Quantitative Analysis. 2014, 49 (02): 513 -540.

181. Officer M S. The price of corporate liquidity: Acquisition discounts for unlisted targets [J]. Journal of Financial Economics. 2007, 83 (3): 571 -598.

182. Officer M S. Termination fees in mergers and acquisitions [J]. Journal of Financial economics. 2003, 69 (3): 431 -467.

183. Osborne M J, Rubinstein A. A Course in Game Theory

[M]. London, England: The MIT Press, 1994.

184. Owen S, Yawson A. Corporate life cycle and M&A activity [J]. Journal of banking & finance. 2010, 34 (2): 427 -440.

185. Palepu K G. Predicting takeover targets: A methodological and empirical analysis [J]. Journal of accounting and economics. 1986, 8 (1): 3 -35.

186. Petersen M A. Estimating Standard Errors in Finance Panel Data Sets: Comparing Approaches [J]. Review of Financial Studies. 2009, 22 (1): 435 -480.

187. Povel P, Singh R. Takeover contests with asymmetric bidders [J]. Review of Financial Studies. 2006, 19 (4): 1399 -1431.

188. Puri M. Commercial banks in investment banking conflict of interest or certification role? [J]. Journal of Financial Economics. 1996, 40 (3): 373 -401.

189. Puri M. Commercial banks as underwriters: implications for the going public process [J]. Journal of Financial Economics. 1999, 54 (2): 133 -163.

190. Rau P R. Investment bank market share, contingent fee payments, and the performance of acquiring firms [J]. Journal of Financial Economics. 2000, 56 (2): 293 -324.

191. Rau P R, Vermaelen T. Glamour, value and the post - acquisition performance of acquiring firms [J]. Journal of financial economics. 1998, 49 (2): 223 -253.

192. Rhodes - Kropf M, Viswanathan S. Market Valuation and Merger Waves [J]. The Journal of Finance. 2004, 59 (6): 2685 - 2718.

193. Roll R. The hubris hypothesis of corporate takeovers [J].

Journal of business. 1986: 197 - 216.

194. Rosen R J. Merger Momentum and Investor Sentiment: The Stock Market Reaction to Merger Announcements [J]. The Journal of Business. 2006, 79 (2): 987 - 1017.

195. Rossi S, Volpin P F. Cross - country determinants of mergers and acquisitions [J]. Journal of Financial Economics. 2004, 74 (2): 277 - 304.

196. Roten I C, Mullineaux D J. Debt underwriting by commercial bank - affiliated firms and investment banks: More evidence [J]. Journal of banking & finance. 2002, 26 (4): 689 - 718.

197. Rousseau P L, Stroup C. Director histories and the pattern of acquisitions [J]. Journal of Financial and Quantitative Analysis. 2015, 50 (04): 671 - 698.

198. Russo A, Perrini F. The real cost of M&A advice [J]. European Management Journal. 2006, 24 (1): 49 - 58.

199. Saegert S, Swap W, Zajonc R B. Exposure, context, and interpersonal attraction. [J]. Journal of Personality and Social Psychology. 1973, 25 (2): 234.

200. Samuelson W, Zeckhauser R. Status quo bias in decision making [J]. Journal of Risk and Uncertainty. 1988, 1 (1): 7 - 59.

201. Savor P G, Lu Q. Do stock mergers create value for acquirers? [J]. The Journal of Finance. 2009, 64 (3): 1061 - 1097.

202. Schiereck D, Sigl - Grüb C, Unverhau J. Investment bank reputation and shareholder wealth effects in mergers and acquisitions [J]. Research in International Business and Finance. 2009, 23 (3): 257 - 273.

203. Schmidt B. Costs and benefits of friendly boards during

mergers and acquisitions [J]. Journal of Financial Economics. 2015, 117 (2): 424 -447.

204. Schwert G W. Markup pricing in mergers and acquisitions [J]. Journal of Financial economics. 1996, 41 (2): 153 -192.

205. Servaes H, Zenner M. The role of investment banks in acquisitions [J]. Review of Financial Studies. 1996, 9 (3): 787 -815.

206. Servaes H. Tobin's Q and the Gains from Takeovers [J]. The Journal of Finance. 1991, 46 (1): 409 -419.

207. Sharma A. Professional as agent: Knowledge asymmetry in agency exchange [J]. Academy of Management Review. 1997, 22 (3): 758 -798.

208. Shleifer A, Vishny R W. Stock market driven acquisitions [J]. Journal of Financial Economics. 2003, 70 (3): 295 -311.

209. Shue K. Executive networks and firm policies: Evidence from the random assignment of MBA peers [J]. Review of Financial Studies. 2013, 26 (6): 1401 -1442.

210. Sibilkov V, Mcconnell J J. Prior Client Performance and the Choice of Investment Bank Advisors in Corporate Acquisitions [J]. Review of Financial Studies. 2014, 27 (8): 2474 -2503.

211. Singh R. Takeover bidding with toeholds: The case of the owner's curse [J]. Review of Financial Studies. 1998, 11 (4): 679 -704.

212. Sirower M. The Synergy Trap: How Companies Lose Acquisition Game [M]. New York: Free Press, 1997.

213. Slovin M B, Sushka M E, Polonchek J A. Methods of payment in asset sales: Contracting with equity versus cash [J]. The Journal of Finance. 2005, 60 (5): 2385 -2407.

214. Song W, Wei J D, Zhou L. The value of "boutique" financial advisors in mergers and acquisitions [J]. Journal of Corporate Finance. 2013, 20: 94 - 114.

215. Stiglitz J E. Formal and informal institutions [J]. Social capital: A multifaceted perspective. 2000: 59 - 68.

216. Stuart T E, Yim S. Board interlocks and the propensity to be targeted in private equity transactions [J]. Journal of Financial Economics. 2010, 97 (1): 174 - 189.

217. Tatiana Z, Lewis G. The CEO - Advisors Nexus: Toward an Explanation of "Merger Preference" in Mergers and Acquisitions [J]. Problems and Perspectives in Management. 2005, 3 (4): 79 - 91.

218. Travlos N G. Corporate Takeover Bids, Methods of Payment, and Bidding Firms' Stock Returns. [J]. Journal of Finance. 1987, 42 (4): 943 - 963.

219. Uzzi B. Embeddedness in the Making of Financial Capital: How Social Relations and Networks Benefit Firms Seeking Financing [J]. American Sociological Review. 1999, 4 (64): 481 - 505.

220. Varaiya N P, Ferris K R. Overpaying in corporate takeovers: The winner's curse [J]. Financial Analysts Journal. 1987, 43 (3): 64 - 70.

221. Walker M M. Corporate takeovers, strategic objectives, and acquiring - firm shareholder wealth [J]. Financial management. 2000: 53 - 66.

222. Walter T S, Yawson A, Yeung C P. The role of investment banks in M&A transactions: Fees and services [J]. Pacific - Basin Finance Journal. 2008, 16 (4): 341 - 369.

223. Wang C, Xie F, Zhang K. Expert Advice: Industry Expertise of Financial Advisors in Mergers and Acquisitions [Z]. 2014.

224. Wang W, Whyte A M. Managerial rights, use of investment banks, and the wealth effects for acquiring firms' shareholders [J]. Journal of Banking & Finance. 2010, 34 (1): 44 -54.

225. White H. A heteroskedasticity - consistent covariance matrix estimator and a direct test for heteroskedasticity [J]. Econometrica: Journal of the Econometric Society. 1980: 817 -838.

226. Yasuda A. Bank relationships and underwriter competition: evidence from Japan [J]. Journal of Financial Economics. 2007, 86 (2): 369 -404.

227. Yasuda A. Do Bank Relationships Affect the Firm's Underwriter Choice in the Corporate - Bond Underwriting Market? [J]. The Journal of Finance. 2005, 60 (3): 1259 -1292.

228. Zollo M, Meier D. What is M&A performance? [J]. The Academy of Management Perspectives. 2008, 22 (3): 55 -77.